新学習指導要領対応

小学 1 年生

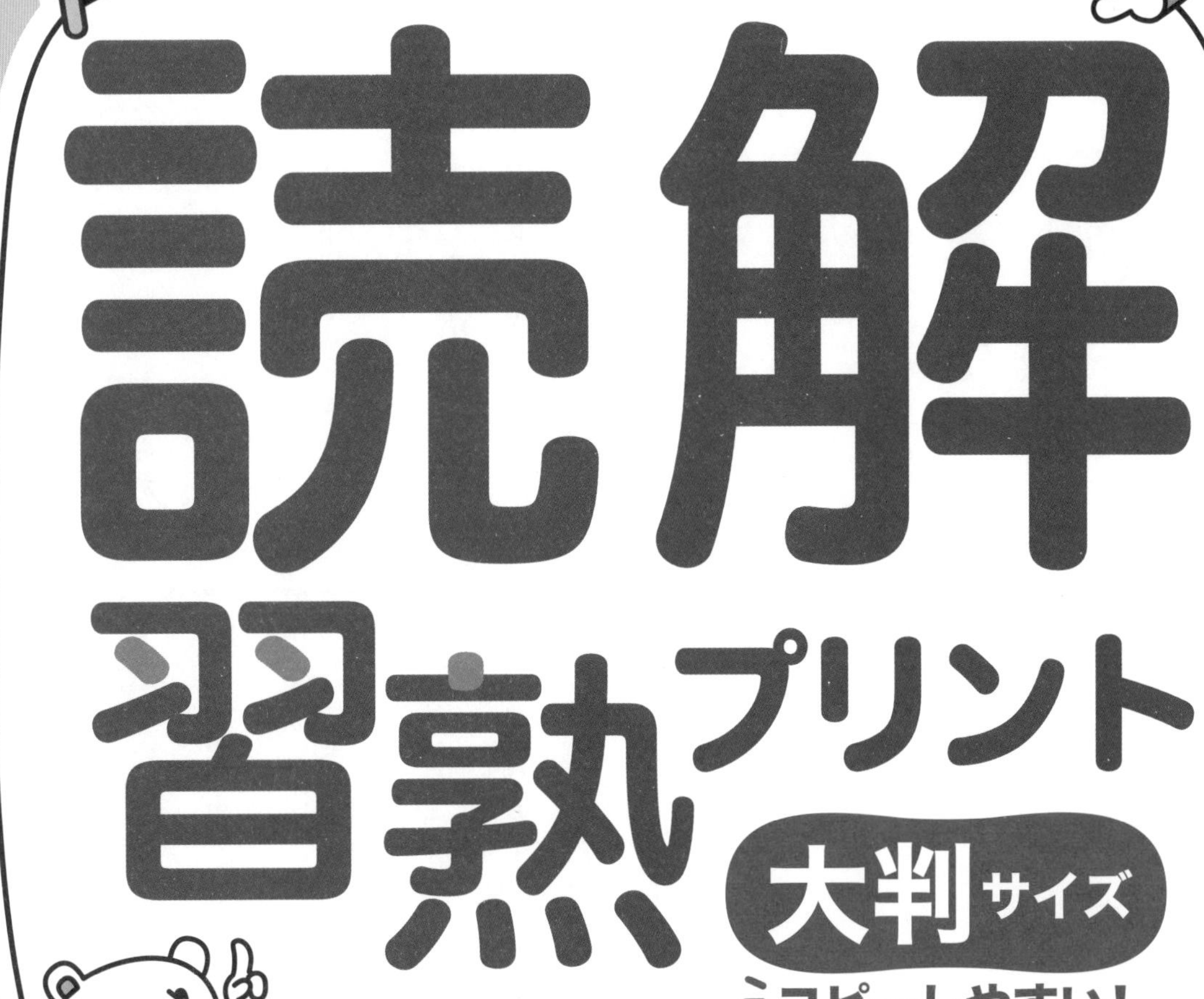

読解習熟プリント

大判サイズ

コピーしやすい!

馬場田 裕康 著

清風堂書店

はじめに

読解が苦手な子どもは、文章を読むことが苦手という場合がほとんどです。そこで本書は、「なんだか面白そう」「ちょっと読んでみよう」と思える内容を目指しました。

もし一回読んで悩んでいるようでしたら、もう一度文章を読んでみるよう声をかけてあげてください。答えのほとんどは、その中にあります。読むことがゴールへの近道なのです。

各学年で特に重要な項目は、低学年は「だれが」「どうした」という文の組み立ての基本。中学年は「つなぎ言葉」「こそあど言葉」など、文と文の関係や、段落の役割。高学年は「理由」「要約・主張」など、文章全体をとらえることです。

これらの項目の内容が無理なく身につくよう、易しい基礎問題から始め、つまずきやすいポイントは解説つきにしています。また、「読解に自信がある」という人も、まとめ問題でさらに自信を深めていけるようにしました。

本書が活用され、読解問題に楽しんで取り組む子どもが増えていくことを願います。

★改訂で、さらにわかりやすく・使いやすくなりました！

変わらない特長

○ 通常より細かなスモールステップで「わかる」！
○ 大事なところはくり返し練習で「わかる」「できる」！
○ 教科書レベルの力が身につく！

新しい特長

○ 学習項目ごとに、チェック→ワーク→おさらいの「3ステップ」。読解力の土台をつくる！
○ より実践的な「まとめ問題」で応用力がつく！
○ 答えに「ワンポイントアドバイス」つき
○ 読みやすくわかりやすい「太めの手書き風文字」

使い方

タイトルの学習項目の内容を中心に出題しています。

チェック

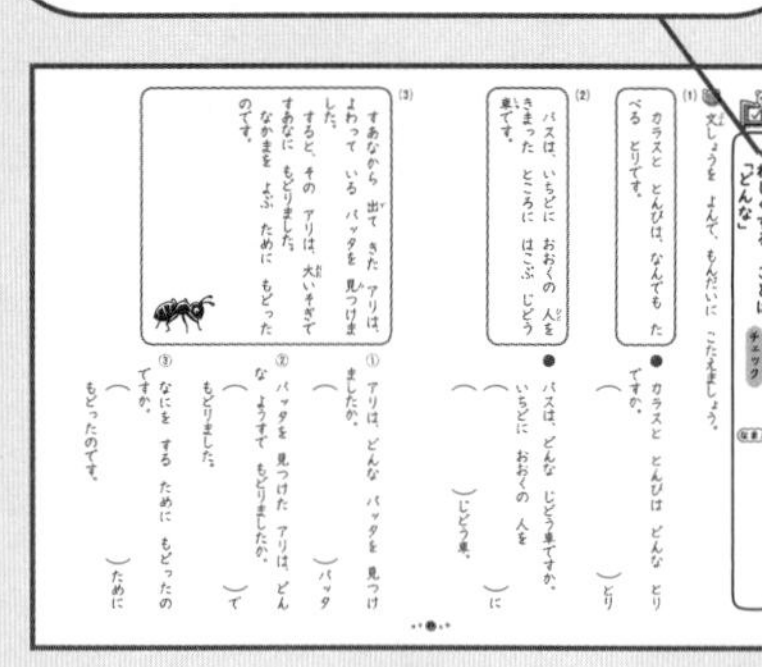

まずはうでだめし。問題を解いてみることで、自分の力をチェックできます。

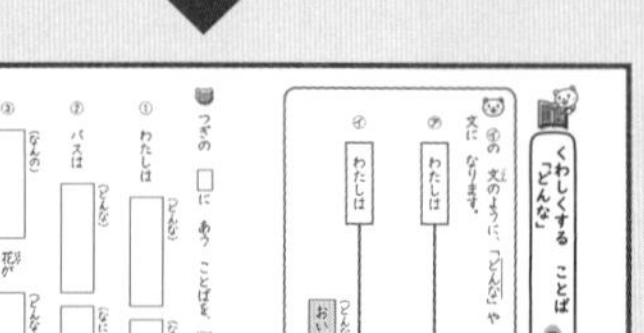

ワーク

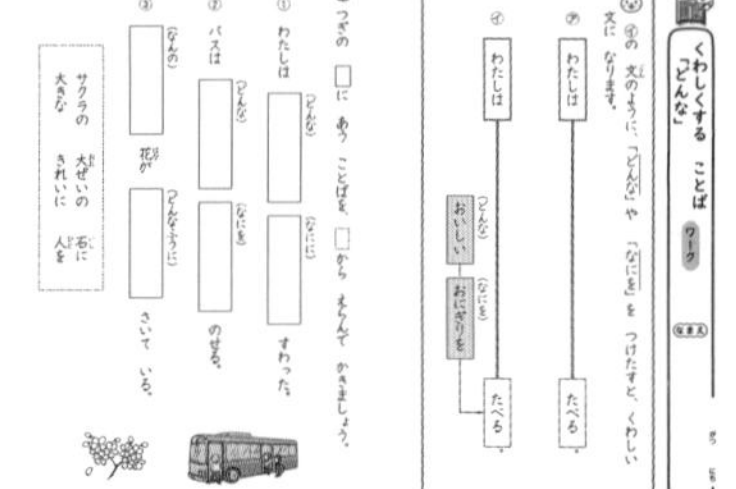

ワークの練習問題や解説で、理解が深まります。

おさらい

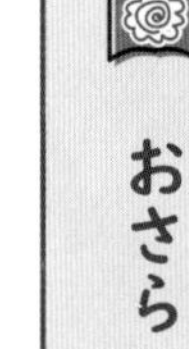

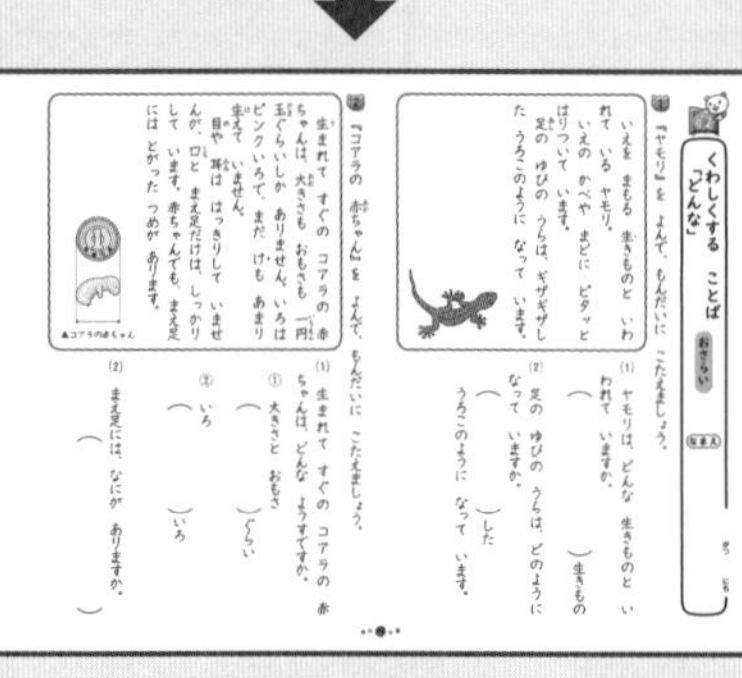

おさらいで、学んだ項目のしあげができます。

3ステップをくりかえすことで、読解力の基礎が身につく！

まとめ問題

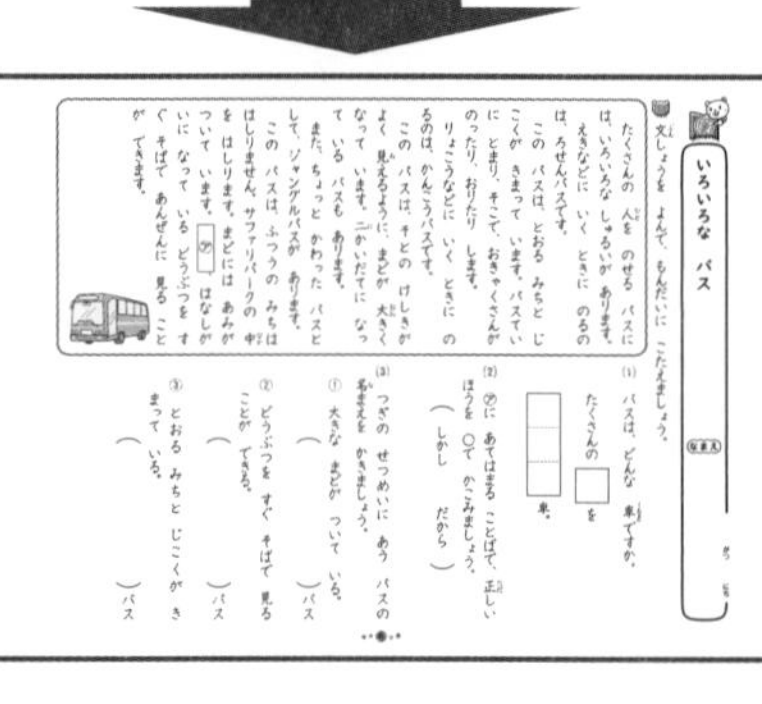

まとめ問題でさらに実践力がつきます。

たのしいあそびページもあるよ♪

読解習熟プリント一年生　もくじ

きそもんだい

まとめもんだい

あそびのページ

ことばの なかまわけ チェック

なまえ

がつ　にち

(1) 文(ぶん)しょうを よんで、もんだいに こたえましょう。

トカゲは、てきから にげる とき、しっぽを きりはなす。

● しっぽを きって にげる 生(い)きものは、なんですか。

（　　　）

(2) なつの ある 日(ひ)、アリたちは はたらいて いた。その よこで、キリギリスは、バイオリンを ひいて あそんで いた。

● アリたちと キリギリスは、どうして いましたか。

アリたち（　　　）

キリギリス（　　　）

(3) ケーキが ならんで います。くりが のって いるのは、モンブランです。スポンジも クリームも ちゃいろいのは、チョコレートケーキです。ロールケーキは クリームを スポンジで まいて いて、ひらがなの「の」に にて います。

① くりが のって いる ケーキは、なんですか。

（　　　）

② チョコレートケーキの スポンジと クリームは、なにいろですか。

（　　　）

③ ひらがなの 「の」に にて いる のは、なんですか。

（　　　）

ことばの なかまわけ

ワーク

なまえ

がつ　にち

ことばは つぎのように わける ことが できます。

㋐ ものの 名(な)まえを あらわす ことば

さくら　川(かわ)　れんさん　オムライス など

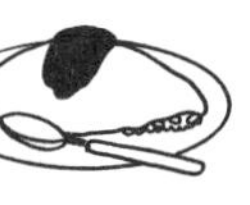

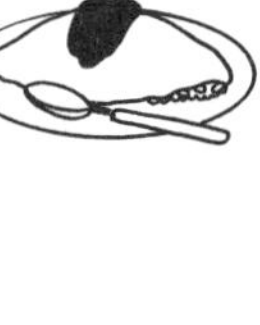

㋑ うごきを あらわす ことば

はしる　かく　おきる　なげる など

㋒ ようすを あらわす ことば

大(おお)きい　たかい

あかるい　さむい など

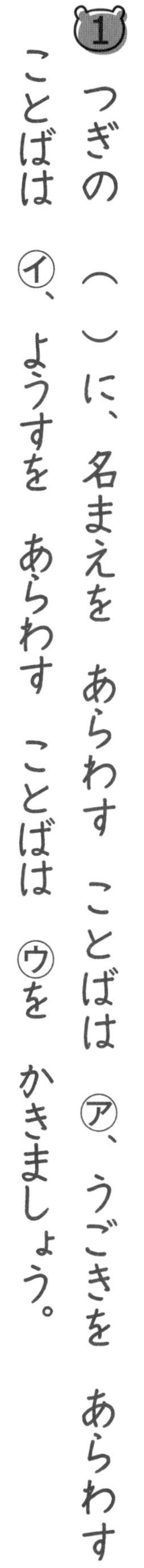

1 つぎの（　）に、名まえを あらわす ことばは ㋐、うごきを あらわす ことばは ㋑、ようすを あらわす ことばは ㋒を かきましょう。

①（　）ノート　②（　）学校(がっこう)　③（　）たべる

④（　）たのしい　⑤（　）あそぶ　⑥（　）青(あお)い

⑦（　）ライオン　⑧（　）こわい　⑨（　）わらう

2 つぎの ――を ひいた ことばの よこに、名まえを あらわす ことばは ㋐、うごきを あらわす ことばは ㋑、ようすを あらわす ことばは ㋒を かきましょう。

① バスは（　） おきゃくさんを のせて はしる。（　）

② たかやさんは（　） きいろい（　） 手(て)ぶくろを して 学校に いきました。（　）

ことばの　なかまわけ　おさらい

なまえ

がつ　にち

1 『アサガオの　つる』を　よんで、もんだいに　こたえましょう。

アサガオの　つるは、上(うえ)へ　上へと
のびる。
つるの　先(さき)は、やわらかい。なにか
に　ふれると　まきつく。

(1) なにが　上へ　上へと　のびるので
すか。

（　　　）の（　　　）

(2) つるの　先は、どんな　ようすですか。

（　　　）

(3) つるの　先は、なにかに　ふれると
どう　なりますか。

（　　　）

2 『シマリスの　ふゆじたく』を　よんで、もんだいに　こたえましょう。

あきに　なると、シマリスは、ドン
グリを　ほお　いっぱいに　つめこみ
ます。
そして、じめんに　ほった　すあな
に　はこびます。
また、おちばも　はこびます。おち
ばを　あつめて、ふゆごもりの　ベッ
ドに　するのです。

(1) シマリスが　あきに　する　ことを
かきましょう。

① ドングリを　ほおに　つめこんで、
（　　　）に　はこびます。

② おちばを
すあなに（　　　）。

(2) なにを　ふゆごもりの　ベッドに
するのですか。

（　　　）

どうする文 チェック

なまえ

がつ　にち

(1) 文しょうを　よんで、もんだいに　こたえましょう。

キリンの　赤ちゃんは、生まれて　一じかんほどで　立ち上がります。

● キリンの　赤ちゃんは、生まれて　一じかんほどで　どう　しますか。

（　　　　　　　　）

(2)

あゆみさんは、本を　さがして　います。たつやさんは、ずかんを　見て　います。

● あゆみさんと　たつやくんは　なにを　して　いますか。

① あゆみさん　本を（　　　　　）。

② たつやさん　ずかんを（　　　　　）。

(3)

生まれたばかりの　チンパンジーの　赤ちゃんは、まだ　目も　見えて　いません。それでも、おかあさんに　しっかりと　しがみついて　います。そして、おちちを　さがして、すいます。

① 生まれたばかりの　チンパンジーの　赤ちゃんは、おかあさんに　どう　して　いますか。

しっかりと（　　　　　）。

② それから　赤ちゃんは、どう　しますか。

おちちを（　　　　　）、（　　　　　）。

どうする文

ワーク①

なまえ

がつ　にち

うごきを　あらわす　ことばには、つぎのような　ものが　あります。

㋐ 人(ひと)や　生(い)きものの　うごき

あるく　はしる　ねる　なく　ほえる　のぼる　など

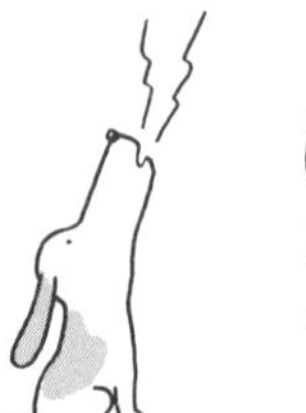

㋑ ものの　うごき

くっつく　はじまる　ふる　ゆれる　ふくらむ　など

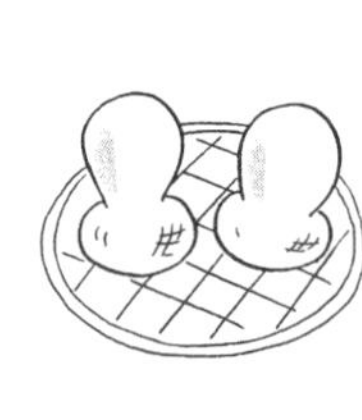

つぎの　えが　あらわして　いる　うごきことばを、下(した)の　□　から　えらんで　かきましょう。

(1)

① (　　　)

② (　　　)

③ (　　　)

④ (　　　)

のる　たたく　たべる　わらう

(2)

① (　　　)

② (　　　)
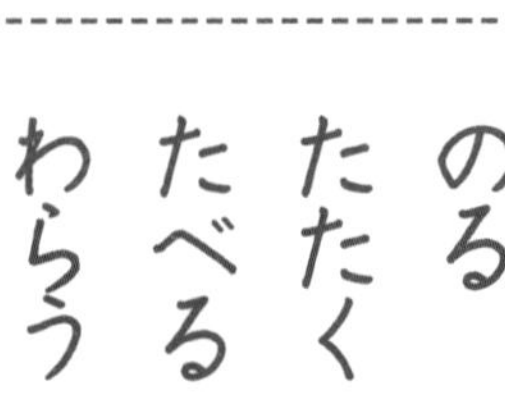

③ (　　　)

④ (　　　)

ひかる　ひやす　うつる　やく

どうする文

ワーク②

なまえ

がつ　にち

どうする文

人や　生きものなどが　うごいて　いる　ようすを　あらわします。

だれが（は）
なにが（は）
↓
どうする
どうした

ちょうが　とぶ。

犬が　おいかける。

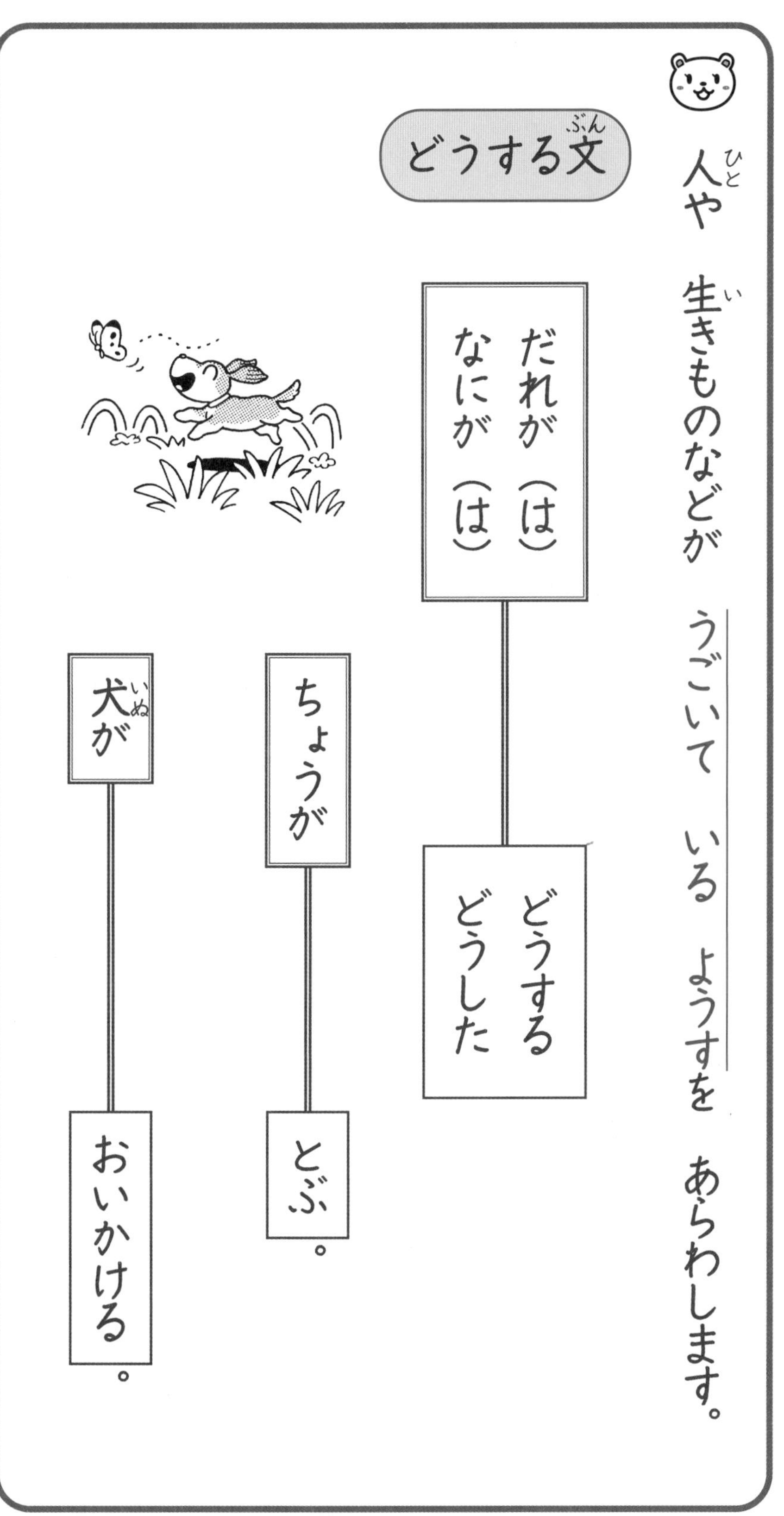

つぎの　えを　見て、どうする文を　かきましょう。

① ゾウ

が　あるく。

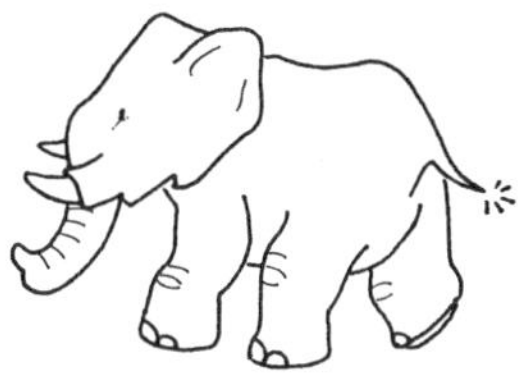

② コスモス

が　さく。

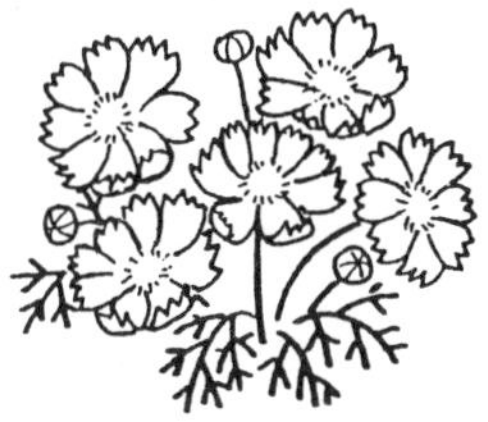

③ ハチ

が　とんだ。

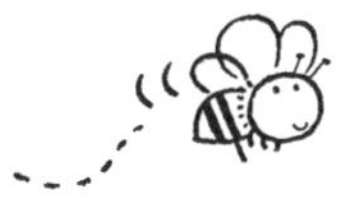

どうする文

おさらい

なまえ

がつ　にち

1 『ゾウの　赤ちゃん』を　よんで、もんだいに　こたえましょう。

ゾウの　赤ちゃんは、生まれて　すぐに　じぶんで　立ち上がります。そして、草や　くだものなどを　たべはじめます。水も　のみますが、はなが　うまく　つかえるまでは　口を　つけて　のみます。

(1) ゾウの　赤ちゃんは、生まれて　すぐに　どう　しますか。

・じぶんで（　　　　）。

・草や　くだものなどを（　　　　）。

(2) 水を　のむ　ときは、どのように　して　のみますか。

（　　　　）のむ。

2 『エゾモモンガの　くらし』を　よんで、もんだいに　こたえましょう。

リスの　なかまの　エゾモモンガは、ムダの　ない　くらしを　して　いる。木から　木へ　うつる　ときは　下に　おりず、ジャンプするので、ムダな　うごきが　ない。すむ　ところは、キツツキが　つくった　すあなだ。その　すあなを　なん年も　つかう。つかえる　ものは　つかって、ムダな　ものは　つくらないのだ。

(1) ムダの　ない　くらしを　して　いる　生きものは、なんですか。

（　　　　）

(2) ムダの　ない　くらしに　ついて　かきましょう。

・木から　木へ　うつる　ときは、

（　　　　）に　おりず

（　　　　）する。

・キツツキが　つくった　すあなを

（　　　　）。

しりとり

なまえ

がつ　にち

スタートから　ゴールまで、しりとりに　なるように　文字(もじ)を　かきましょう。

(1)

⬇スタート
す
い
①
き
②
く
ん
ご
り
③
っ
ぱ
④
ゴール！

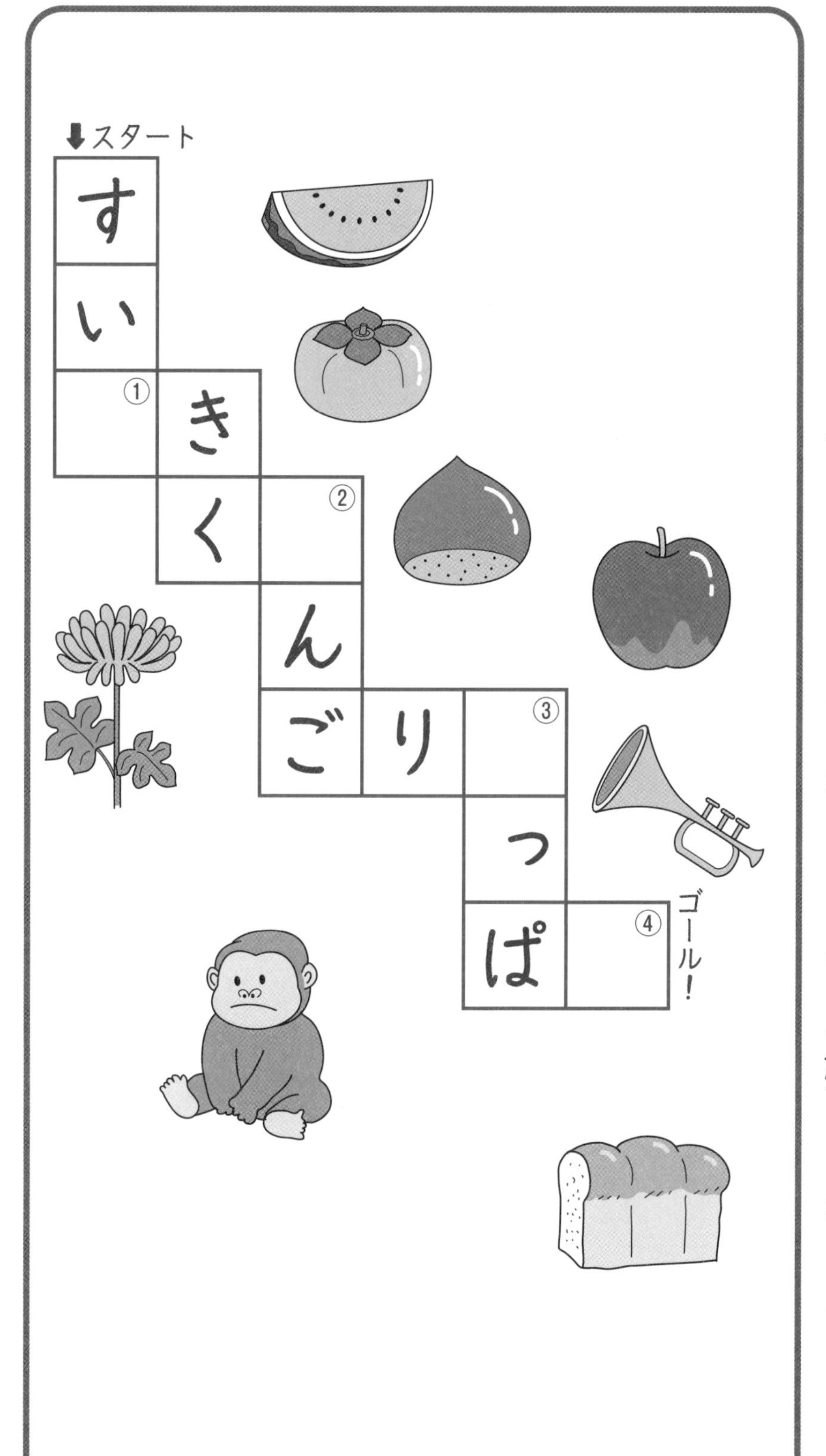

(2)

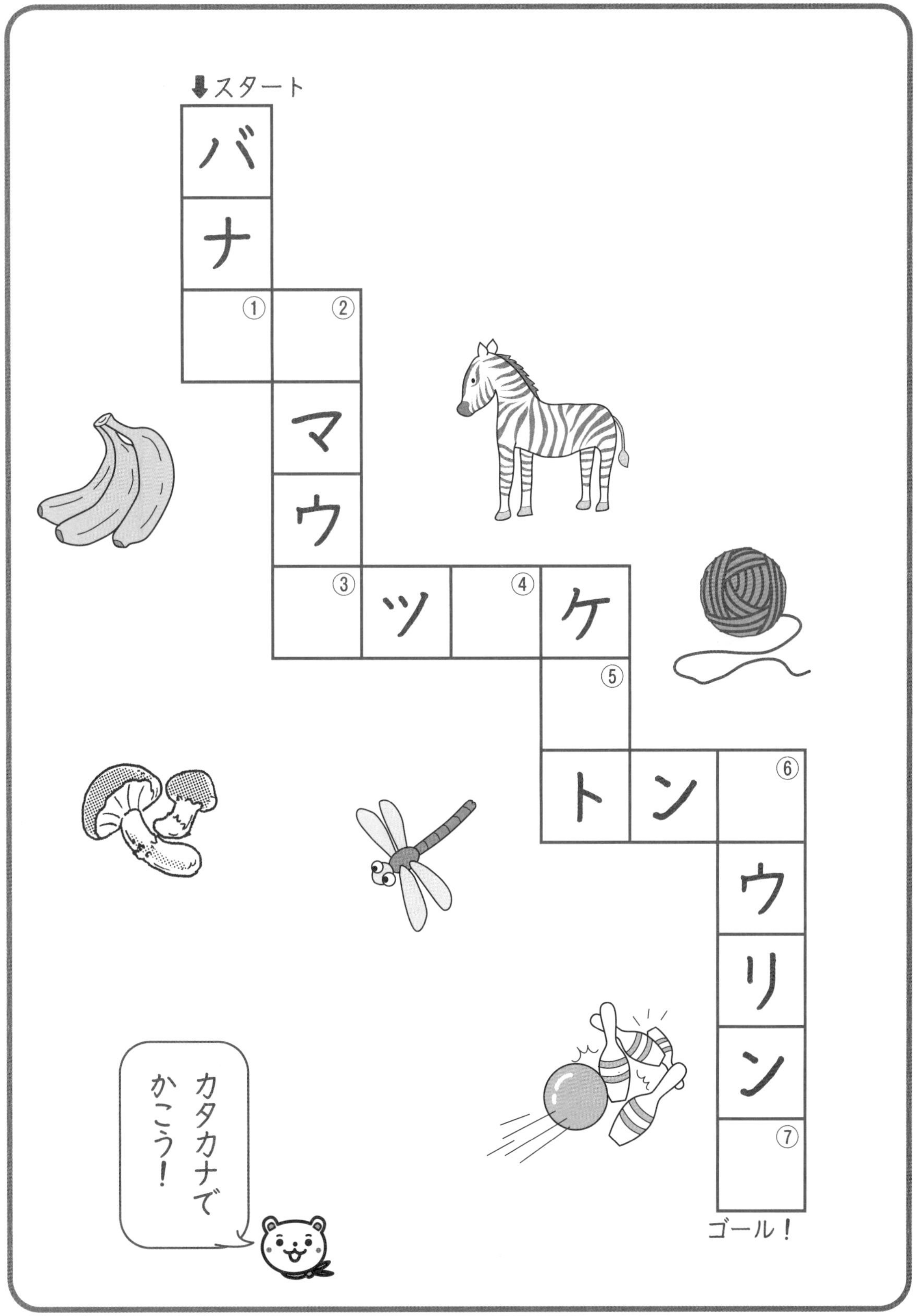

⬇スタート
バ
ナ
①
②
マ
ウ
③
ツ
④
ケ
⑤
ト
ン
⑥
ウ
リ
ン
⑦
ゴール！
カタカナで かこう！

どんなだ文　チェック

なまえ

がつ　　にち

(1) 文しょうを　よんで、もんだいに　こたえましょう。

おとなの　サケは、赤い。しかし、生まれたばかりの　サケは、白い。

● サケは、それぞれ　なにいろですか。

おとなの　サケ……………（　　）

生まれたばかりの　サケ…（　　）

(2)

シロサイの　口は、よこに　ひろい。クロサイの　口は、先が　とがって　いる。

● 口が　よこに　ひろいのは、なにサイですか。

（　　）

(3)

しっぽの　かたちは、どうぶつに　よって　ちがう。サイは、みじかくて　ほそい。レッサーパンダは、しましまで　ふとい。リスの　しっぽは、ふさふさだ。

● つぎの　どうぶつは、どんな　しっぽですか。

① サイ　みじかくて（　　）

② リス（　　）

③ レッサーパンダ　しましまで（　　）

どんな文 ワーク①

なまえ　　　がつ　　にち

ようすを　あらわす　ことばには、つぎのような　ものが　あります。

ゾウは　大(おお)きい。

アリは　小(ちい)さい。

イチゴは　赤(あか)い。

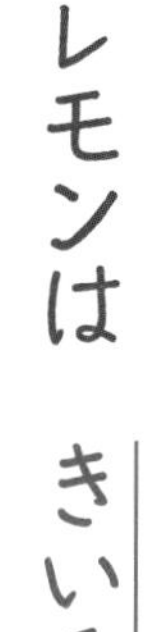
レモンは　きいろい。

チーターは　はやい。

かめは　おそい。

おねえさんは　やさしい。

いもうとは　かわいい。

つぎの　えが　あらわして　いる　ようすことばを、□から　えらんで（　）に　かきましょう。

①

（　　　）

（　　　）

②

（　　　）

（　　　）

③
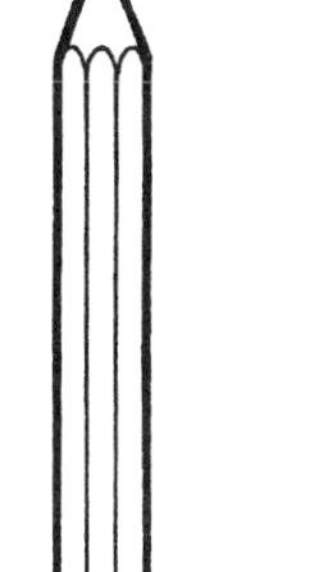
（　　　）

（　　　）

おおい　あかるい　みじかい　くらい　すくない　ながい

どんなだ文

ワーク②

なまえ

がつ　にち

どんなだ文

人や 生きものなどの ようすを あらわします。

だれが（は） なにが（は）	どんなだ
ウサギは	かわいい。
ワニは	こわい。

つぎの えを 見て、どんなだ文を かきましょう。

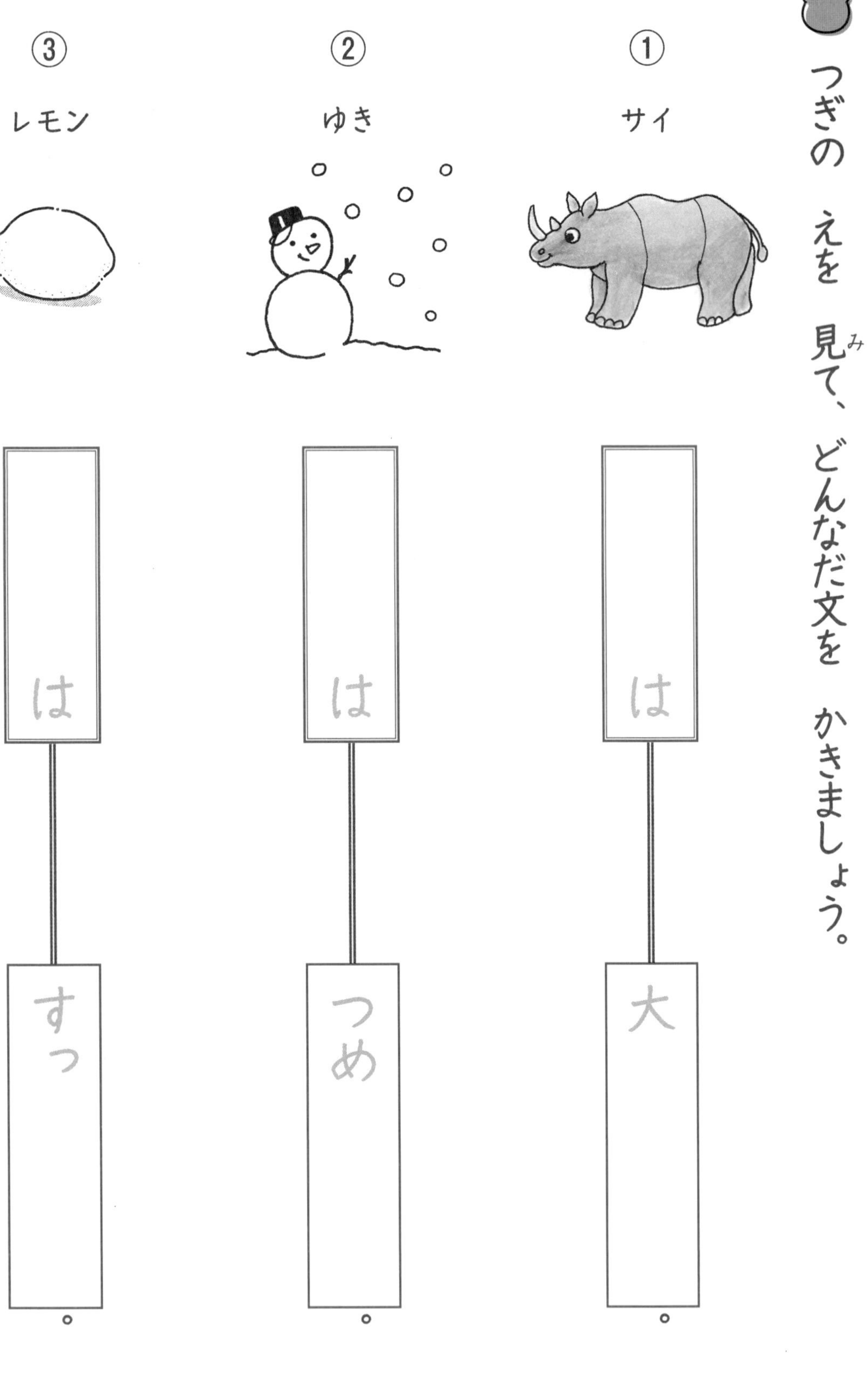

どんなだ文

おさらい

なまえ

がつ　にち

1 『ピーマン入りの　ハンバーグ』を　よんで、もんだいに　こたえましょう。

ぼくは　ピーマンが　にがてです。なぜかと　いうと、にがいからです。
おかあさんが、ピーマン入りの　ハンバーグを　つくって　くれました。
ピーマンが　すこし　あまい　気が　して、おいしかったです。

(1) ピーマンが　にがてなのは　なぜですか。

（　　　　　　）から。

(2) ピーマン入りの　ハンバーグは、どうでしたか。

すこし（　　　　　　）気が　して、

（　　　　　　）。

2 『シロナガスクジラ』を　よんで、もんだいに　こたえましょう。

ちきゅうで　一ばん　大きな　生きものは、シロナガスクジラと　いわれて　います。
おもさは、※したゞけで　ゾウ　一とうぶんにも　なります。
とても　大きいので、ゆったりして　いるように　見えますが、本気で　およぐと　車と　おなじくらい　はやいです。

※した……べろの　こと。

● シロナガスクジラは、どんな　生きものですか。

① 大きさ
ちきゅうで　一ばん
（　　　　　　）。

② おもさ
したゞけで
（　　　　　　）。

③ はやさ
本気で　およぐと
（　　　　　　）と
おなじくらい（　　　　　　）。

なんだ文 チェック

なまえ

がつ　にち

(1) 文しょうを　よんで、もんだいに　こたえましょう。

サクランボは、くだものです。

● サクランボは、なんですか。

（　　　　）

(2)

わたしが　すきな　いろは、赤いろです。

るなさんは　みどりいろが　すきです。

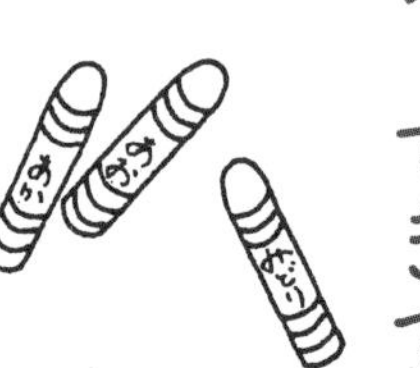

● わたしと　るなさんが　すきな　いろは、それぞれ　なにいろですか。

わたし……（　　　　）

るなさん……（　　　　）

(3)

はなの　ながい　どうぶつは、ゾウです。ながい　はなは、水を　のむ　ときに　やくに　立ちます。

はなの　あなを　とじられる　どうぶつは、カバです。カバは、水の　中で　はなの　あなを　とじます。

はなが　まるくて　大きいのは、ブタです。はなで　おもい　ものを　もち上げます。

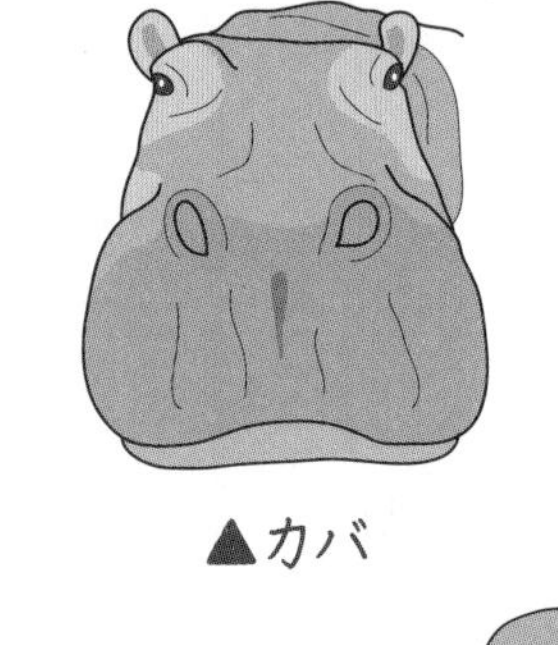

▲カバ

▲ゾウ

▲ブタ

① はなの　ながい　どうぶつは　なんですか。

（　　　　）

② はなの　あなを　とじられる　どうぶつは　なんですか。

（　　　　）

③ まるくて　大きい　はなの　どうぶつは　なんですか。

（　　　　）

なんだ文

ワーク①

なまえ

がつ　にち

名まえを　あらわす　ことばには、つぎのような　ものが　あります。

㋐ 人、生きもの、もの　……　赤ちゃん　あさがお　ボール　など

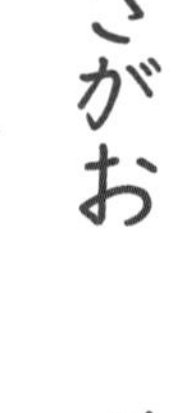

㋑ ばしょ　……　学校　山　など

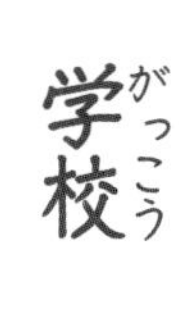
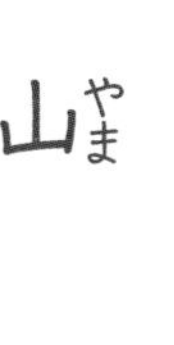

㋒ じかんや　かず　……　八じ　三月　五こ　七本　など

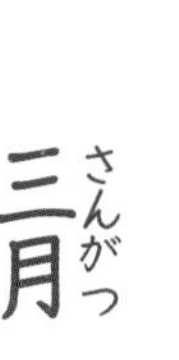
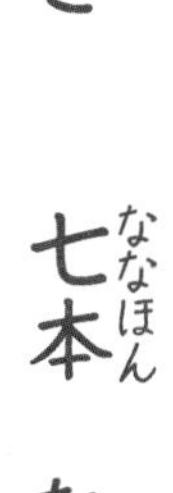

つぎの　えが　あらわして　いる　名まえことばを、下の　□　から　えらんで　かきましょう。

(1) ①（　　　）　②（　　　）　③（　　　）

ズボン　かお　ツバメ

(2) ①（　　　）　②（　　　）　③（　　　）

すなば　じんじゃ　きょうしつ

(3) ①（　　　）　②（　　　）　③（　　　）

七月五日　三じ　四こ

なんだ文 ワーク②

なまえ

がつ　にち

人（ひと）や　ものの　名（な）まえなどを　あらわします。

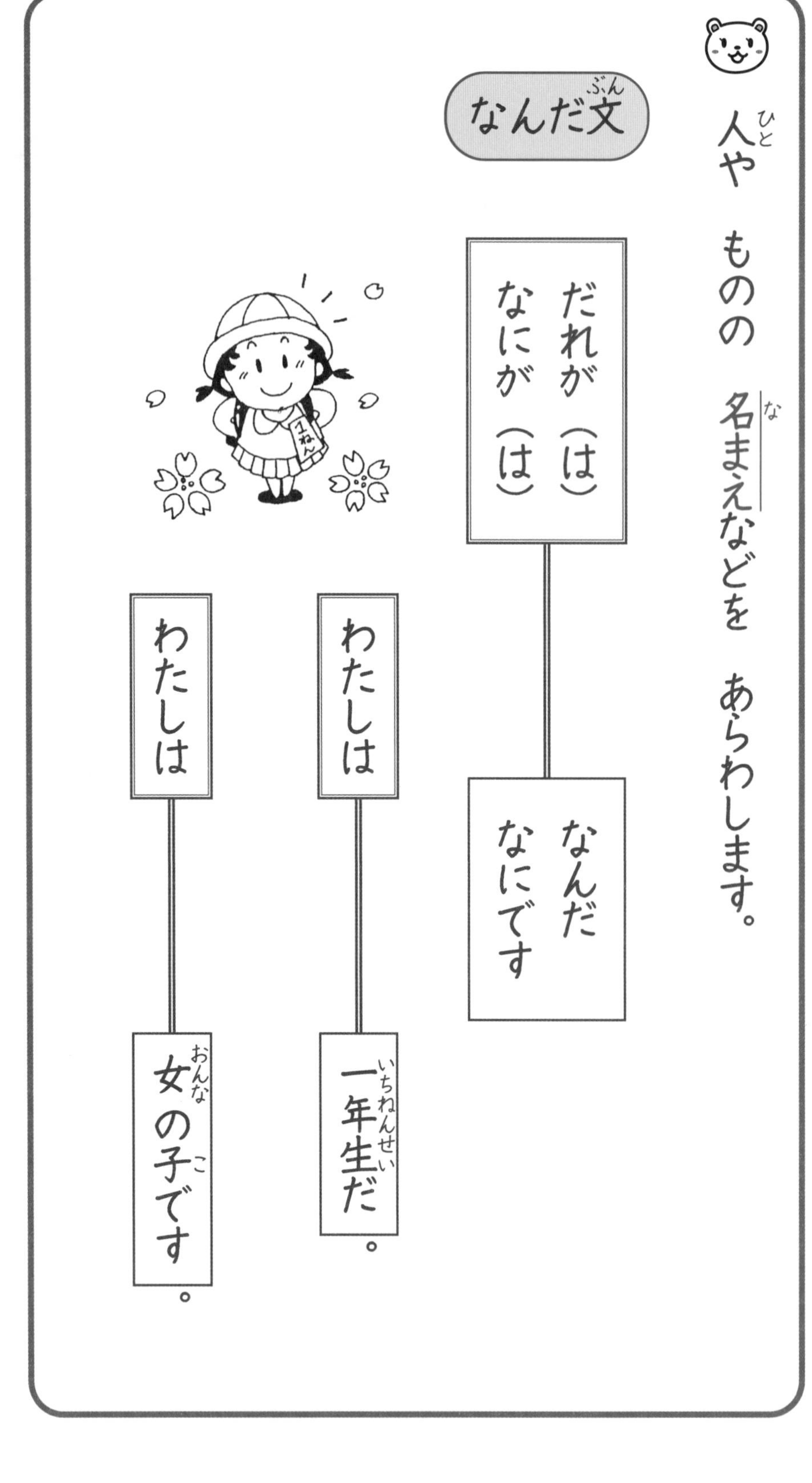

なんだ文（ぶん）

だれが（は）
なにが（は）
→ なんだ
なにです

わたしは → 一年生（いちねんせい）だ。

わたしは → 女（おんな）の子（こ）です。

つぎの　えを　見（み）て、□に　あてはまる　ことばを、□から　えらんで　かき　ましょう。

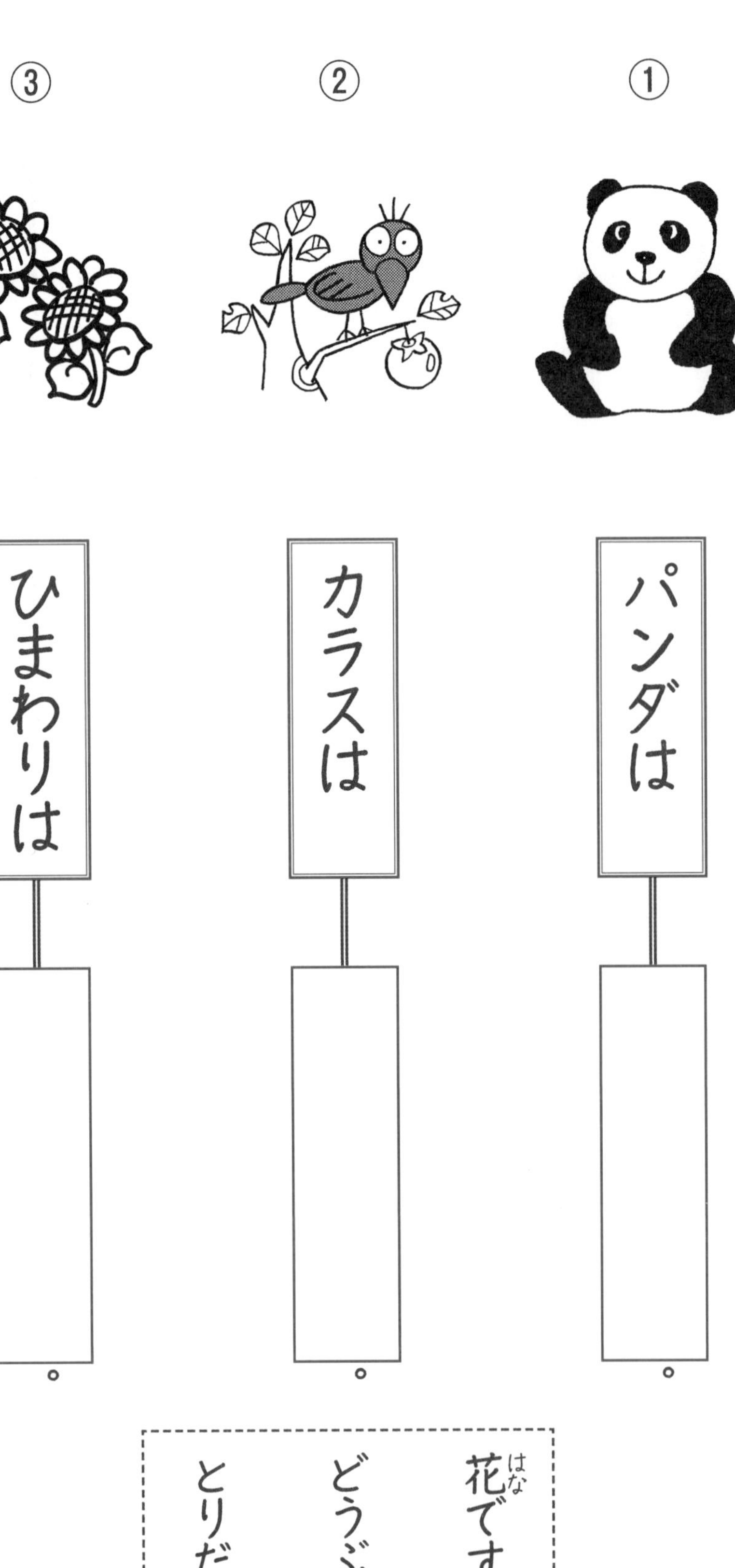

① パンダは → □。

② カラスは → □。

③ ひまわりは → □。

花（はな）です
どうぶつだ
とりだ

なまえ

がつ　にち

1

『コアラの 足(あし)』を よんで、もんだいに こたえましょう。

コアラの 足は、木(き)の 上(うえ)で くらしやすいように なって います。

うしろ足は、えだを つかみやすいように、人(にん)げんの 手(て)と おなじように なって います。

するどい 足の つめは、くつの スパイクのようです。

(1) コアラの 足は、どこで くらしやすいように なって いますか。

（　　　　）

(2) うしろ足は、なにと おなじように なって いますか。

（　　　　）

(3) 足の つめは、なにのようですか。

くつの（　　　　）

2

『アイアイと 木の みの たね』を よんで、もんだいに こたえましょう。

サルの なかまの アイアイが すきな たべものは、木(き)の みの たねの 中(なか)みです。かたい たねを、はで かじって、あなを あけます。そして、たねの 中みを たべます。

あなを あけられない 子(こ)どもも います。

その とき、あけて あげるのは、おかあさんです。

(1) アイアイが すきな たべものは、なんですか。

木の みの たねの（　　　　）

(2) どのように して あなを あけますか。

かたい たねを（　　　　）で かじる。

(3) あなを あけられない 子どもは、だれに あけて もらいますか。

（　　　　）

おはなしの　じゅんばん　チェック

なまえ　　　　がつ　　にち

だれが（なにが）　どうしたかに　気（き）を　つけて、おはなしを　よみましょう。

おじいさんは　おむすびを　もって、しばかりに　出（で）かけた。

おなかが　すいた　おじいさんは、石（いし）の　上（うえ）に　すわって、おむすびを　たべようと　した。

すると、おむすびは　ころころ　ころがって、あなの　中（なか）に　おちて　しまった。

おじいさんが　あなの　中を　のぞくと、中から　たのしい　うたが　きこえて　きた。

うたに　むちゅうに　なった　おじいさんは、あなの　中に　おちて　しまった。

あなの　中では、たくさんの　ねずみが　おむすびを　かこんで、うたいながら　おどって　いた。

ねずみに　さそわれて、おじいさんは、ねずみたちと　いっしょに　おどった。

いえに　かえって、ねずみに　もらった　うちでの　こづちを　ふった。

小（こ）ばんや　おこめが　たくさん　出て　きた。

● おじいさんが　した　ことを、じゅんばんに　かきましょう。

① しばかりに（　　　　）。

② 石の　上に（　　　　）、おむすびを　たべようと　した。

③ あなの　中を（　　　　）。

④ うたに　むちゅうに　なった　おじいさんは、あなの　中に（　　　　）。

⑤ ねずみたちと　いっしょに（　　　　）。

⑥ いえに　かえって、うちでの　こづちを（　　　　）。

おはなしの　じゅんばん

ワーク

なまえ

がつ　にち

おはなしは、いくつかの　文で　できて　います。文の　おわりには　「。」が　ついて　います。

だれが
なにが

どうする
どんなだ
なんだ

だれが、どうしたかを見つけて　いくと、どんな　おはなしか　わかるよ。

『よくばりな　犬』を　よんで、犬が　した　ことを　かきましょう。

㋐　にくを　くわえた　犬が　あるいて　いると、川の　中にも　にくを　くわえた　犬が　いるのを　見つけた。

㋑　川の　中の　犬が　もって　いる　にくも　とって　やろうと、おもいきり　ほえた。

㋒　ほえた　とたん、じぶんが　くわえて　いた　にくを　川の　中に　おとして　しまった。

㋐　川の　中にも　にくを　くわえた　犬が　いるのを（　　　　）。

㋑　とって　やろうと、おもいきり（　　　　）。

㋒　にくを　川の　中に（　　　　）。

おはなしの じゅんばん　おさらい

なまえ

がつ　にち

1 『おかあさんアザラシ』を よんで、赤ちゃんを うむ ときに する ことを じゅんばんに かきましょう。

アザラシの おかあさんは、赤ちゃんを うむ とき、こおりの 上に のります。そして、赤ちゃんを うみます。
それから、ほかの 赤ちゃんと まちがえないように、すぐに においを かぎます。

① こおりの 上に（　　　　）。

② 赤ちゃんを（　　　　）。

③ ほかの 赤ちゃんと（　　　　）ように、すぐに においを（　　　　）。

2 『どうぐを つかう とり』を よんで、キツツキフィンチの エサの とりかたを じゅんばんに かきましょう。

キツツキフィンチと いう とりは、どうぐを つかって エサを とる。
まず、木の 中に いる 虫の うごく 音を きく。
そして、木の あなに 小えだを 入れる。
それから、キツツキのように あたまを まえと うしろに うごかす。
そうして、中に いる 虫を ひきよせて たべる。

① 木の 中に いる 虫の うごく 音を（　　　　）。

② 木の あなに（　　　　）を 入れる。

③ あたまを まえと うしろに（　　　　）。

④ 中に いる 虫を（　　　　）たべる。

一文字　ちがうと？

なまえ

がつ　にち

❶ 「゛」（だくてん）が　つくと、ことばが　かわります。えを　見て、「゛」の　つく　ことばを　かきましょう。

①
②
③
④
⑤
⑥ で

❷ つぎの　ことばは、「゛」を　つけると　ちがう　ものに　へんしんします。□の　えを　ヒントに、□に　ことばを　かきましょう。

① さるが　□を　もつ。
② たいが　□の　上に　のる。
③ ふたが　□に　ヘンシン。
④ タンスが　□を　する。

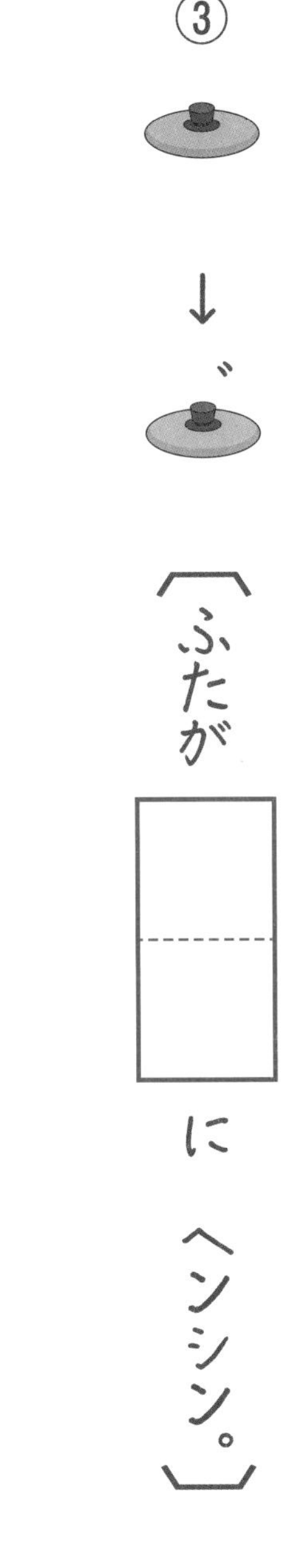

くわしくする ことば「なにを」「どこで」

チェック

なまえ

がつ　にち

(1) 文しょうを よんで、もんだいに こたえましょう。

ライオンの おかあさんは、赤ちゃんを 草むらの 中に かくします。

● ライオンの おかあさんは、赤ちゃんを どこに かくしますか。

（　　　　　　　　）

(2)

マルミミゾウは、うみべの すなはまに おちて いる 木の めを たべます。

● マルミミゾウは、どこに おちて いる 木の めを たべますか。

うみべの（　　　　　　　　）

(3)

わたしは ダンスを ならって います。

こんどの 日よう日、はっぴょうかいが あります。はっぴょうかいは、となり町の しみんホールで あります。

キラキラが ついた、かわいい スカートを はきます。とても たのしみです。

① わたしは なにを ならって いますか。

（　　　　　　　　）

② はっぴょうかいは どこで ありますか。

（　　　　　　）の（　　　　　　）

③ なにを はきますか。

キラキラが ついた、かわいい

（　　　　　　　　）

くわしくする ことば「なにを」「どこで」

ワーク

なまえ

がつ　にち

㋐・㋑の 文のように、「どこで」や 「なにを」を つけたすと、くわしい 文に なります。

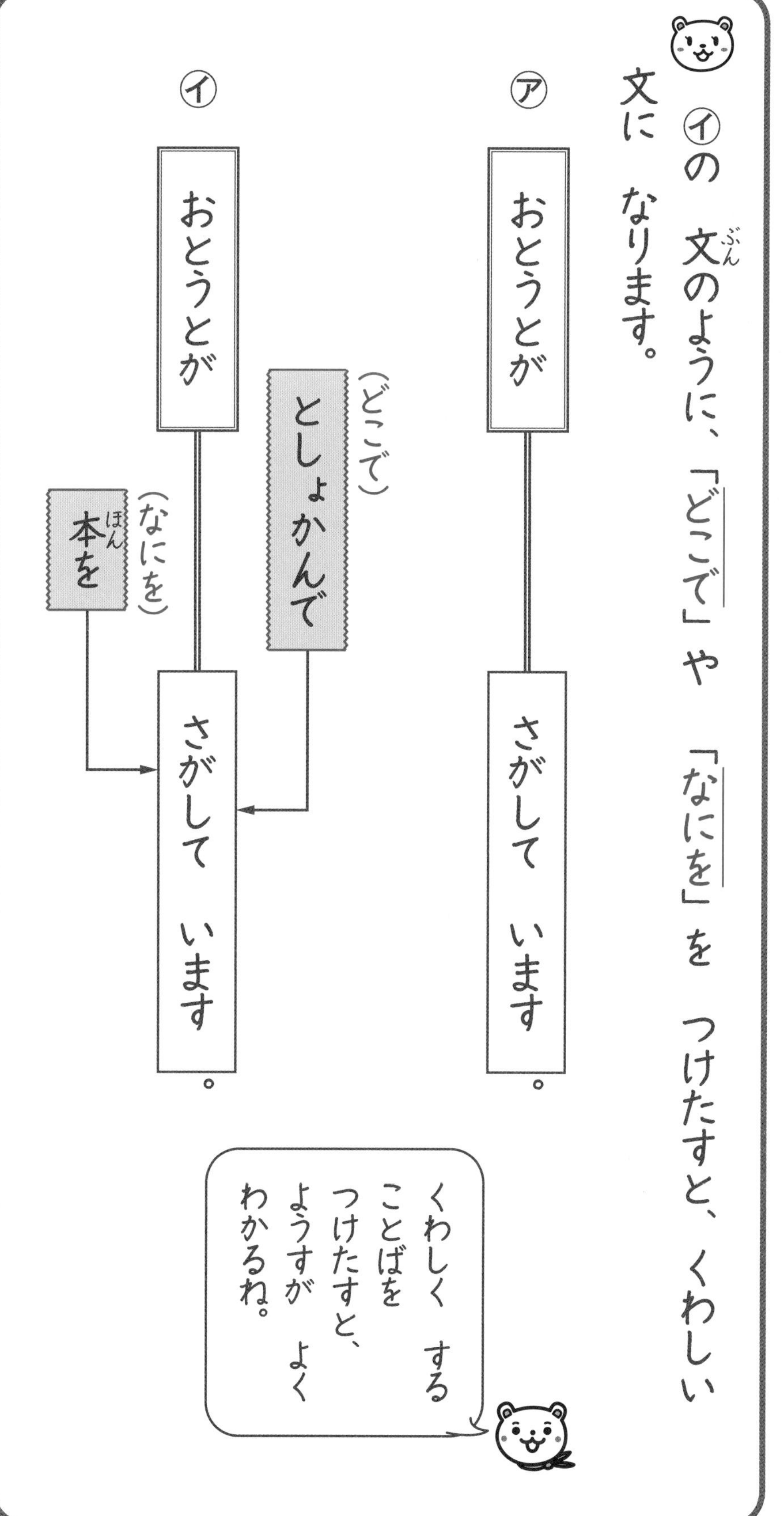

つぎの えを 見て、文を かきましょう。

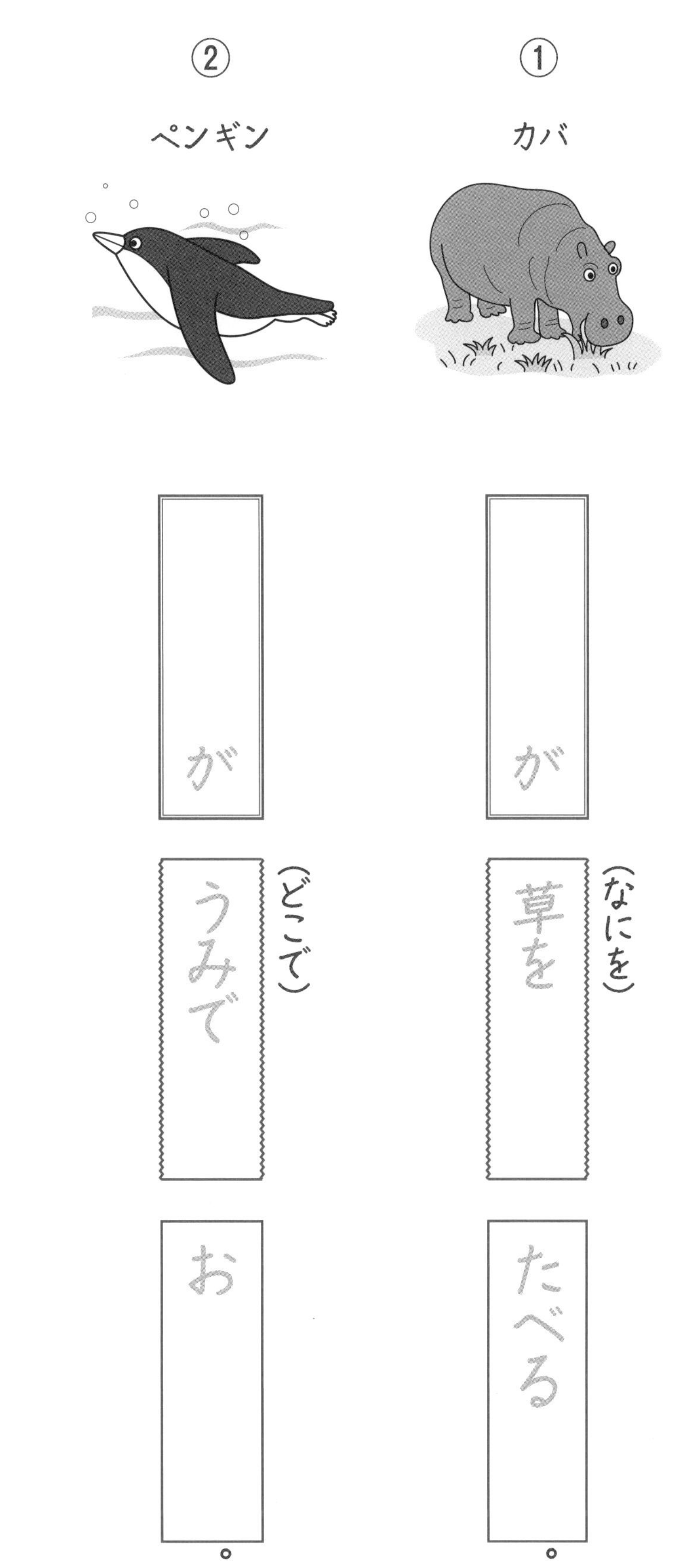

くわしくする ことば 「なにを」「どこで」

おさらい

なまえ

がつ　にち

1 『きのこ』を よんで、もんだいに こたえましょう。

きのこは、「木(き)の子(こ)」と いう いみから できた ことばで、木の ちかくの しめった ところに 生(は)えて います。

みちばたに 生えて いる きのこは、どくを もって いる ことが あります。

(1) きのこは どこに 生えて いますか。

（　　　）の ちかくの（　　　）ところ

(2) みちばたの きのこは、なにを もって いる ことが ありますか。

（　　　）

2 『どうぶつの ひっさつわざ』を よんで、もんだいに こたえましょう。

アルマジロは、かたい こうらを もって います。てきが きたら、ダンゴムシのように こうらを まるめます。

スカンクは、おならのような くさい しるを 出(だ)します。その においで、てきは にげ出します。

▲アルマジロ

▲スカンク

(1) つぎの どうぶつは、みを まもる ために、なにを もって いますか。

① アルマジロ　かたい（　　　）

② スカンク　おならのような（　　　）

(2) ダンゴムシのように して みを まもって いるのは、どちらですか。

（　　　）

くわしくする ことば「いつ」「だれと」

チェック

なまえ

がつ　にち

(1) 文(ぶん)しょうを よんで、もんだいに こたえましょう。

はるには、さくらの 花(はな)を おかあさんと 見(み)に いきます。

● さくらの 花を、おかあさんと いつ 見に いきますか。

（　　　　　　）

(2)

ぼくは、休(やす)みじかんに ともだちと なわとびを しました。

● 休みじかんに だれと なわとびを しましたか。

（　　　　　　）

(3)

ゆきの ふる あさの ことです。うさぎの ぴょんたは、ミミズの ミミーと あいました。

「やあ、ミミー。ゆきだね。」

と、ぴょんたが いいました。

「うん。ぼく、ゆきって 大(だい)すき。」

と、ミミーが いいました。

「それは いいね。」

と、ぴょんたが いいました。

「でも、きょうだいたちが おきて こない。だから、いっしょに ゆきで あそぶ ともだちが いないんだ。」

と、ミミーが ㋐さみしそうに いいました。

① うさぎの ぴょんたは、いつ、だれと あいましたか。

いつ（　　　　　　）

だれと（　　　　　　）

② ㋐の りゆうを かきましょう。

（　　　　）で あそびたいのに、あそぶ（　　　　）が いないから。

くわしくする ことば 「いつ」「だれと」

ワーク

なまえ

がつ　にち

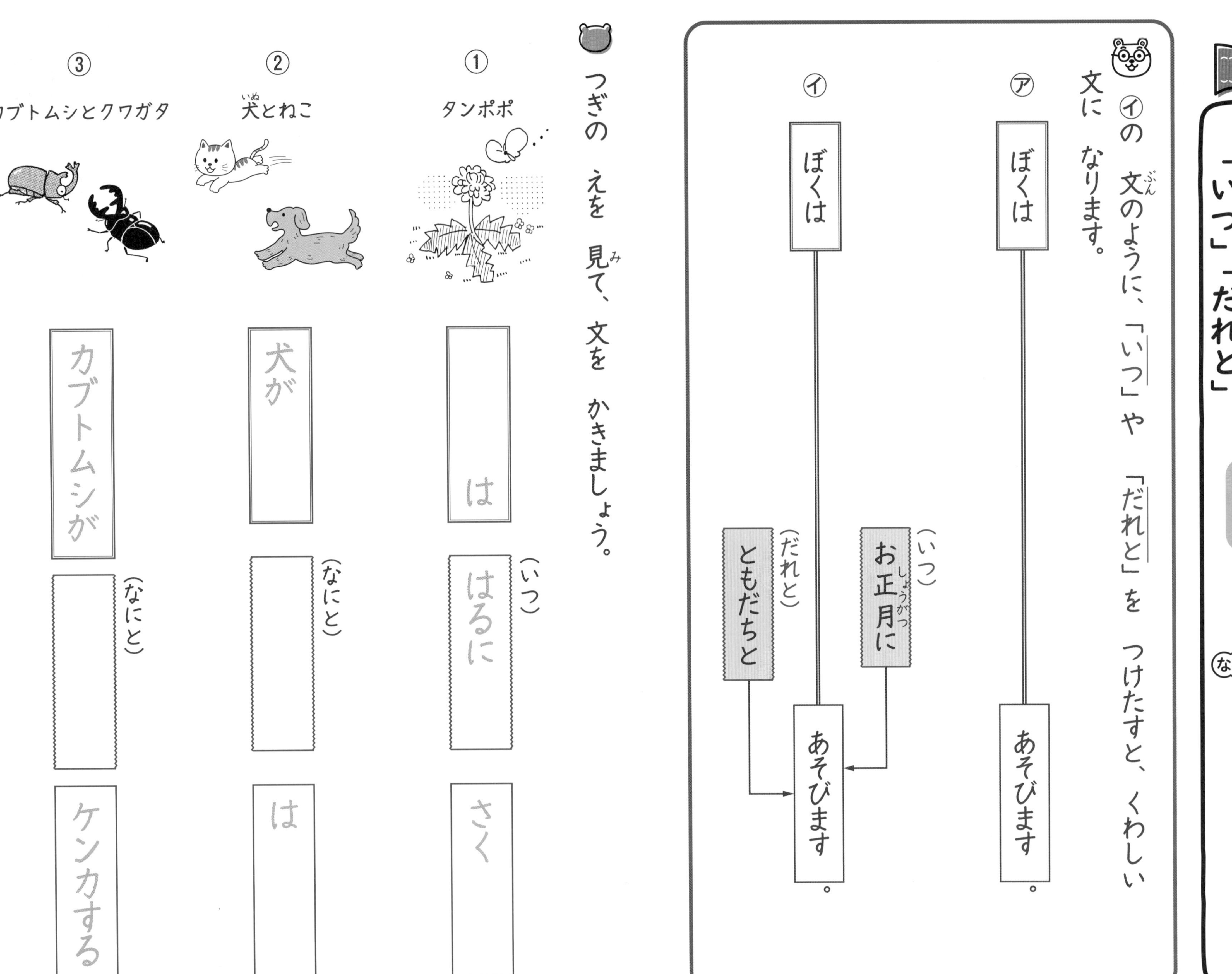

イの 文（ぶん）のように、「いつ」や 「だれと」を つけたすと、くわしい 文に なります。

つぎの えを 見（み）て、文を かきましょう。

① タンポポ

② 犬（いぬ）とねこ

③ カブトムシとクワガタ

くわしくする ことば「いつ」「だれと」

おさらい

なまえ

がつ　にち

1 『へこき よめさん』を よんで、もんだいに こたえましょう。

むかし、はたらきものの むすこが、おかあさんと およめさんと いっしょに くらして いました。
この およめさん、一(いっ)しゅうかん、ずっと「へ」を がまんして いました。

(1) はたらきものの むすこは、だれと くらして いましたか。
（　　　　）（　　　　）

(2) およめさんは、なにを がまんして いましたか。
（　　　　）

(3) およめさんは、(2)を どのくらい がまんして いましたか。
（　　　　）

2 『二(に)ひきの かえる』を よんで、もんだいに こたえましょう。

みどりの かえるは、はたけの まんなかで、きいろの かえると ばったり あいました。

「やあ、きみは きいろだね。きたない いろだ。」

と、みどりの かえるが いいました。

「きみは みどりだね。きみは じぶんを うつくしいと おもって いるのかね。」

と、きいろの かえるが いいました。

こんなふうに はなしあって いると、よい ことは おこりません。二ひきの かえるは とうとう けんかを はじめました。


（新美 南吉　青空文庫より）

(1) 二ひきの かえるは どこで あいましたか。
（　　　　）

(2) みどりの かえるは、だれと あいましたか。
（　　　　）

(3) 二ひきの かえるは、なにを はじめましたか。
（　　　　）

くわしくする ことば「どんな」

チェック

なまえ

がつ　にち

(1) 文(ぶん)しょうを よんで、もんだいに こたえましょう。

カラスと とんびは、なんでも たべる とりです。

● カラスと とんびは どんな とりですか。

（　　　　）とり

(2)

バスは、いちどに おおくの 人(ひと)を きまった ところに はこぶ じどう車(しゃ)です。

● バスは、どんな じどう車ですか。

いちどに おおくの 人を（　　　　）に（　　　　）じどう車。

(3)

すあなから 出(で)て きた アリは、よわって いる バッタを 見(み)つけました。

すると、その アリは、大(おお)いそぎで すあなに もどりました。

なかまを よぶ ために もどったのです。

① アリは、どんな バッタを 見つけましたか。

（　　　　）バッタ

② バッタを 見つけた アリは、どんな ようすで もどりましたか。

（　　　　）で もどりました。

③ なにを する ために もどったのですか。

（　　　　）ために もどったのです。

くわしくする ことば「どんな」

ワーク

なまえ

がつ　にち

㋑の 文（ぶん）のように、「どんな」や 「なにを」を つけたすと、くわしい 文に なります。

㋐ わたしは ── たべる。

㋑ わたしは ── （どんな）おいしい ──（なにを）おにぎりを → たべる。

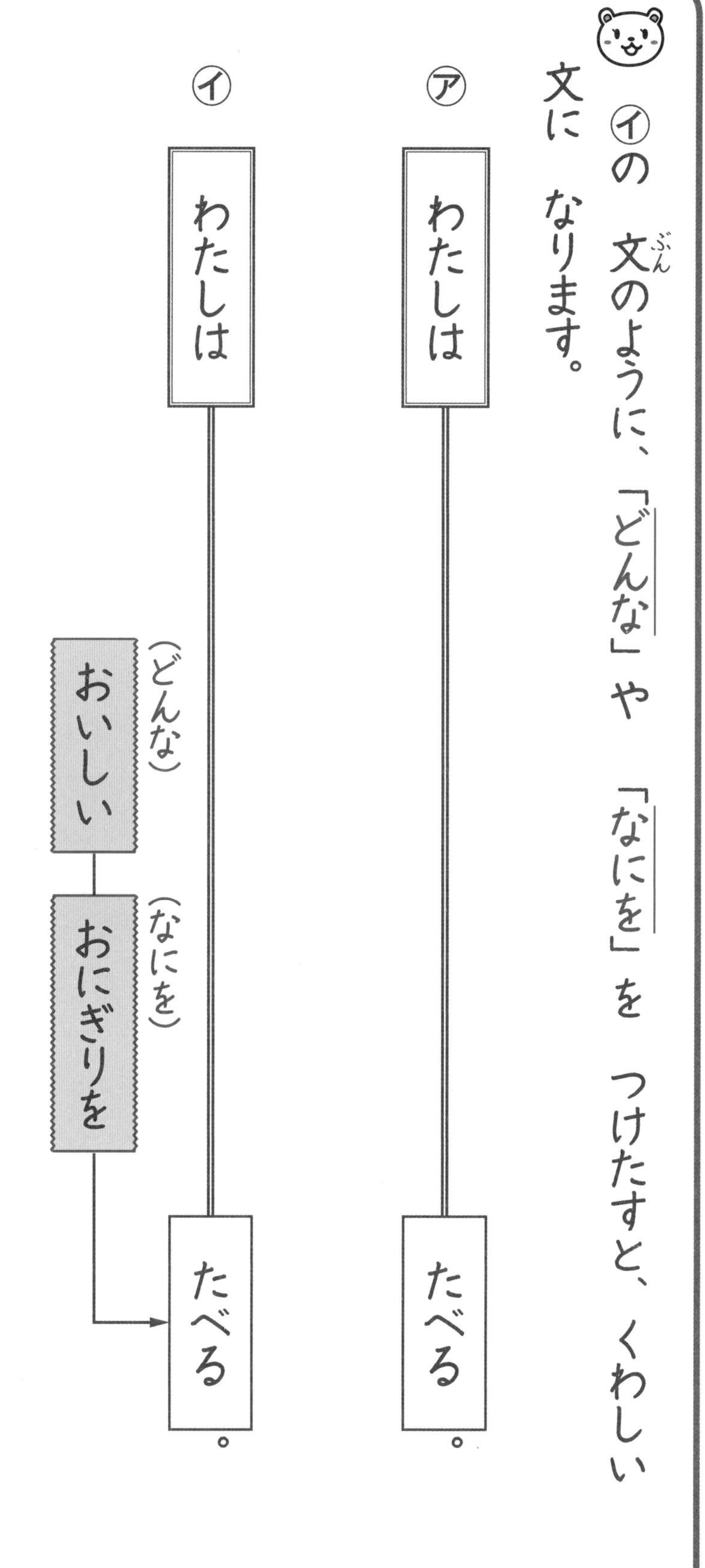

つぎの □に あう ことばを、□から えらんで かきましょう。

① わたしは （どんな）□ （なにに）□ すわった。

② バスは （どんな）□ （なにを）□ のせる。

③ （なんの）□ 花（はな）が （どんなふうに）□ さいて いる。

サクラの　大（おお）ぜいの　石（いし）に
大きな　きれいに　人（ひと）を

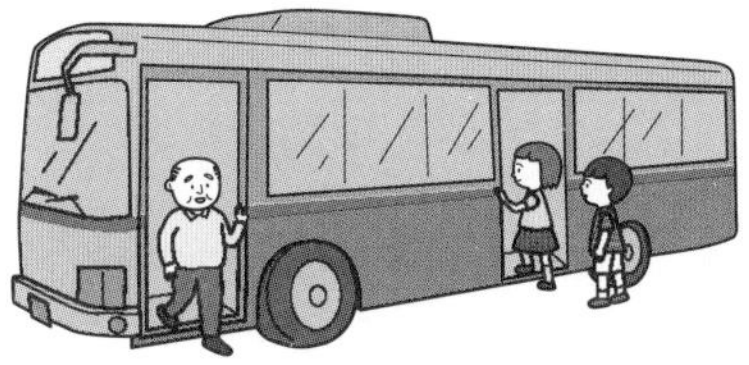

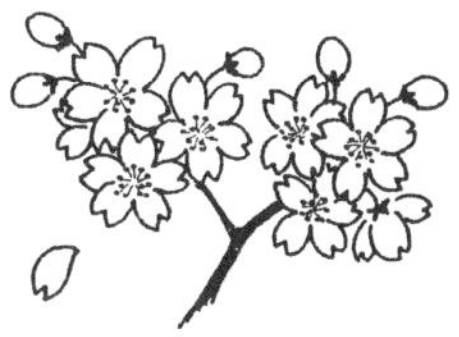

くわしくする ことば「どんな」

おさらい

なまえ

がつ　にち

❶ 『ヤモリ』を よんで、もんだいに こたえましょう。

いえを まもる 生きものと いわれて いる ヤモリ。
いえの かべや まどに ピタッと はりついて います。
足の ゆびの うらは、ギザギザした うろこのように なって います。

(1) ヤモリは、どんな 生きものと いわれて いますか。

（　　　　　　）生きもの

(2) 足の ゆびの うらは、どのように なって いますか。

（　　　　　　）した うろこのように なって います。

❷ 『コアラの 赤ちゃん』を よんで、もんだいに こたえましょう。

生まれて すぐの コアラの 赤ちゃんは、大きさも おもさも 一円玉ぐらいしか ありません。いろは ピンクいろで、まだ けも あまり 生えて いません。目や 耳は はっきりして いませんが、口と まえ足だけは、しっかりして います。赤ちゃんでも、まえ足には とがった つめが あります。

▲コアラの赤ちゃん

(1) 生まれて すぐの コアラの 赤ちゃんは、どんな ようすですか。

① 大きさと おもさ
（　　　　　　）ぐらい

② いろ
（　　　　　　）いろ

(2) まえ足には、なにが ありますか。

（　　　　　　）

なかまことばを　つくろう

なまえ

がつ　にち

□に　あてはまる　ひらがなを、（　）から　えらんで　かきましょう。

(1) どうぶつ

① う□　② と□

（ま　か　ら　む）

(2) どうぶつ

① り□　② わ□　③ い□

（に　つ　ぬ　す　き）

(3) どうぶつ

① □ば　② ね□　③ く□

（ま　あ　か　ふ　こ）

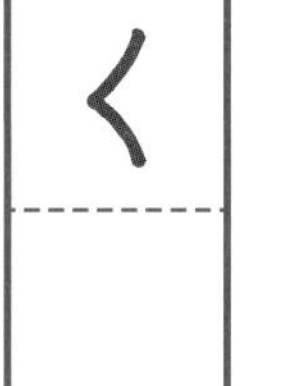

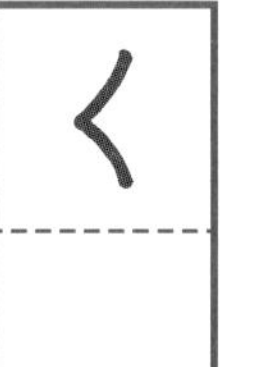

(4) 虫（むし）

① □ち　② □り　③ □み

（こ　あ　め　は　せ）

(5) 花（はな）

① □り　② □く　③ ば□

（た　ら　ゆ　め　き）

こそあどことば　チェック

なまえ

がつ　にち

1 『あたらしい　コート』を　よんで、もんだいに　こたえましょう。

きょうは、かぞくで　ふくやさんに　いきました。（ア）まで、あるいて　いきました。

おかあさんが、あたらしい　コートを　かおうと　いって　くれました。
（イ）に　しようか　まよいましたが、白（しろ）い　コートに　しました。
さむく　なったら、（ウ）を　きて、お出（で）かけするのが　たのしみです。

● ア～ウに　あてはまる　ことばを　□から　えらんで　かきましょう。

ア

イ

ウ

どれ　そこ　それ

2 文（ぶん）しょうを　よんで、もんだいに　こたえましょう。

(1)

いえの　ちかくに　こうえんが　あります。ぼくは、そこで　よく　ブランコに　のります。

● そことは、どこの　ことですか。

(2)

ぬいぐるみを　かって　もらいました。これは、わたしが　ほしかった　ものです。

● これとは、なんですか。

こそあどことば

ワーク①

なまえ

がつ　にち

こそあどことばの　つかいかた

①

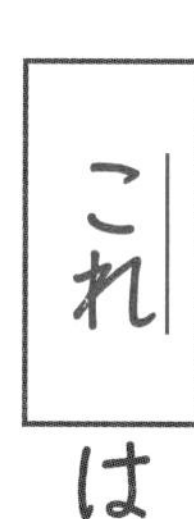

これは、わたしの　えんぴつだ。

②

それは、あなたの　ぼうしですね。

③

あれは、だれの　ボールかな。

④

どれが、ぼくの　くつですか。

つぎの □に　あてはまる　こそあどことばを、□から　えらんで　かきましょう。

①

□だんごは　おいしい。

②

山の　上に　あるのは、□おしろです。

③

□ケーキが　おいしいかな。

この　その　あの　どの

こそあどことば

ワーク②

なまえ

がつ　にち

おなじ　ことばが　出て　くる　とき、㋑のように　「こそあどことば」を　つかうと　すっきりします。

㋐ チョコレートケーキは、あまくて　おいしいです。チョコレートケーキは、みんなに　大人気です。

㋑ **チョコレートケーキ**は、あまくて　おいしいです。**それ**は、みんなに　大人気です。

チョコレートケーキを、それと　いいかえて　いるね。

つぎの　こそあどことばが　さして　いる　ものを　かきましょう。

① たんじょう日に　プレゼントを　もらいました。それは、グローブでした。

② いえの　ちかくに　どうぶつえんが　あります。ぼくは、よく　ここに　きます。

③ とおくに　大きな　木が　立って　います。あれは、きっと　サクラでしょう。

④ バターは、ぎゅうにゅうから　つくられて　いる。ぼくは、それを　パンに　ぬって　たべるのが　すきだ。

こそあどことば

おさらい

なまえ　　　がつ　　にち

1 『フンを　ころがす　虫（むし）』を　よんで、もんだいに　こたえましょう。

まきばには、ウシの　フンが　たくさん　あります。

スカラベと　いう　虫は、㋐その　フンを　まるめて　ころがします。そして、あなを　ほり、㋑そこに、フンを　はこびます。

スカラベは、フンコロガシとも　よばれます。

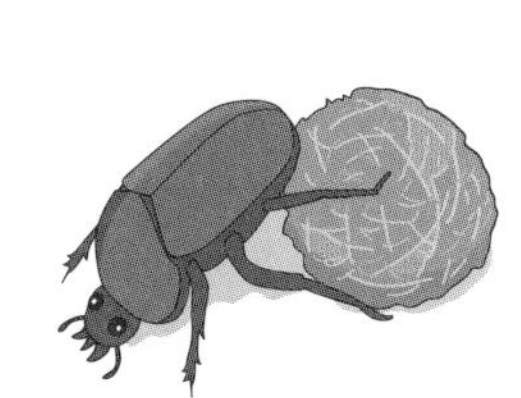

(1) スカラベは、なにを　まるめますか。

(2) ㋐その　フンとは、なんの　フンですか。

(3) ㋑そことは、どこですか。

2 『ごみすてばの　カラス』を　よんで、もんだいに　こたえましょう。

カラスが、ゴミすてばから　たべものを　くわえて　とんで　きました。

カラスは、㋐それを、たおれた　木（き）の　あなに　つめこみました。㋑そこに、どろや　土（つち）などを　かぶせて、どこかへ　とんで　いきました。

(1) ㋐それとは、なんですか。

(2) ㋐それは、どこから　くわえて　きましたか。

(3) ㋑そことは、どこの　ことですか。

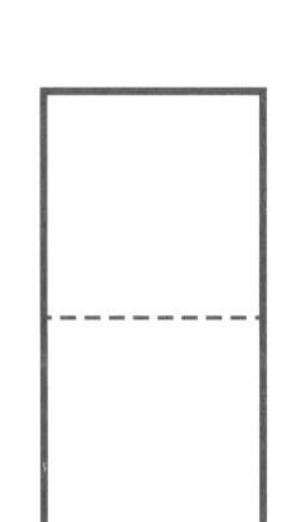

つなぎことば

チェック

なまえ

がつ　にち

1 『ピクニック』を　よんで、もんだいに　こたえましょう。

きのうは　とても　よい　天気(てんき)でした。だから、みんなで　こうえんに　ピクニックに　いきました。
こうえんに　ついて、フリスビーで　あそぼうと　しました。しかし、フリスビーを　いえに　わすれたので、おとうさんと　キャッチボールを　して　あそびました。
そして、おべんとうを　たべました。大(だい)すきな　からあげが　入(はい)って　いて、うれしかったです。

(1) 上(うえ)の　文(ぶん)しょうから、つなぎことばを　三(みっ)つ　見(み)つけて、○で　かこみましょう。

(2) こうえんでは、なにを　して　あそびましたか。

（　　　　）

(3) おべんとうには　なにが　入って　いましたか。

大すきな（　　　　）

2 文しょうを　よんで、もんだいに　こたえましょう。

きのう　がんばって　べんきょうを　しました。㋐、テストの　てんすうが　とても　よかったです。

あさ　早(はや)く　おきました。㋑、犬(いぬ)の　さんぽに　いきました。

ぼくは、やさいが　すきです。㋒、にんじんは　にがてです。

● ㋐～㋒に　あてはまる　つなぎことばを、□から　えらんで　かきましょう。

㋐［　　　］

㋑［　　　］

㋒［　　　］

しかし　　だから　　そして

つなぎことば ワーク

なまえ

がつ　にち

文(ぶん)と 文を つなぐ ときに、つなぎことばを つかいます。

① だから の なかま ……「それで」「すると」 など

雨(あめ)が ふって きました。だから、かさを さしました。

② しかし の なかま ……「でも」「ところが」 など

雨が ふって きました。しかし、かさを さしませんでした。

③ そして の なかま ……「さらに」「しかも」 など

雨が ふって きました。そして、かみなりも なりはじめました。

つぎの 文の つなぎことばで、正(ただ)しい ほうを ○で かこみましょう。

① わたしは、ねこが 大(だい)すきです。{ そして / しかし } おとうとは、ねこが すきでは ありません。

② ねつが 出(で)た。{ だから / しかし } 学校(がっこう)を 休(やす)んだ。

③ 七(しち)じに おきた。{ だから / そして } あさごはんを たべた。

つなぎことば

おさらい

なまえ（　　　　　）　がつ　にち

①

『ウサギの 耳』を よんで、もんだいに こたえましょう。

ウサギは 耳の ながい どうぶつです。耳が ながいと、まわりの 音を たくさん あつめる ことが できます。

ア、ウサギは てきが ちかづいて きたら、すぐに 気づく ことが できます。

イ、耳の みじかい ウサギも います。アマミノクロウサギです。

(1) ア、イに あてはまる つなぎことばを、□から えらんで かきましょう。

ア（　　　　）

イ（　　　　）

そして　だから　しかし

(2) アマミノクロウサギは、どんな ウサギですか。

耳の（　　　　）ウサギ

②

『アザラシの 赤ちゃん』を よんで、もんだいに こたえましょう。

まるまると ふとった アザラシの 赤ちゃんは、おかあさんと いっしょに うみに もぐります。

ア、はじめは、およぎが にがてです。イ、おかあさんが なんかいも おしえて あげます。

ウ、赤ちゃんは、じょうずに およげるように なって いきます。

(1) アザラシの 赤ちゃんは、はじめから およぎが じょうずですか。

およぎが（　　　　）。

(2) ア～ウに あてはまる つなぎことばを、□から えらんで かきましょう。

ア（　　　　）

イ（　　　　）

ウ（　　　　）

だから　そして　しかし

クロスワードに　ちょうせん！

なまえ

がつ　にち

1 えを 見て、ことばを かきましょう。➡から よんでも、ことばに なります。

①　ア　イ　ウ　エ　オ

ア：かぶ

➡ オ：こうのとり

②　ア　イ　ウ　エ　オ

ウ：でんとう

➡ オ

あげ

2 つぎの かぎ（ヒント）を 手がかりに、クロスワードを かんせいさせましょう。

タテのかぎ

① フルーツとも いう。木に なる み。たべられる。

② 森や 木に すむ 小さな どうぶつ。しっぽは ふとく ながい。

④ 日本人が、むかしから きて いる ふく。

⑥ 林よりも 木が たくさん 生えて いる ところ。

ヨコのかぎ

① びょうきや きずを よく する もの。

③ 気に 入る こと。心が ひかれる こと。

⑤ ○○から 生まれた 「○○たろう」

⑦ 人を のせて はこぶ もの。

モグラの まえ足

なまえ

がつ　にち

文しょうを よんで、もんだいに こたえましょう。

モグラは、まっくらな 土の 中に すんで います。

モグラは、ミミズが 大すきで、まい日 たくさん たべます。一日に 二十から 三十ぴきぐらい たべないと、しんで しまうと いわれて います。

モグラは、じめんの すこし 下に、ながく つづく トンネルを ほって います。

そして、㋐その 中を うごきまわって、そこに 出て きた ミミズを つかまえて たべます。

モグラの まえ足は、とても べんりです。

トンネルを ほる ときは、シャベルに なり、ミミズを おさえつける ときは、フォークにも なります。

(1) モグラは、どこに すんで いますか。

まっくらな（　　　　　）

(2) モグラの 大すきな たべものは、なんですか。

（　　　　　）

(3) ㋐その 中とは、どこですか。

（　　　　　）の 中

(4) モグラの まえ足は、つぎの とき、どんな どうぐに なりますか。

① トンネルを ほる とき（　　　　　）

② ミミズを おさえつける とき（　　　　　）

どうぶつの　はの　かたち

がつ　にち

なまえ

文しょうを　よんで、もんだいに　こたえましょう。

どうぶつの　はは、小さい　はに、するどい　はなど、さまざまです。なぜ、どうぶつによって　はの　かたちが　ちがうのでしょうか。

ライオンの　口には　大きい　きばと　するどい　おくばが　あります。きばを　えものに　くいこませて、するどい　おくばで　かみきります。

キリンは、ひらたい　おくばで　口を　左右に　うごかして、草などを、すりつぶして　たべます。

パンダは、クマの　なかまで、むかしは　にくを　たべて　いました。だから、まえばは　するどく　なって　います。いまは、かたい　竹を　おくばで　すりつぶして　たべます。だから、おくばは　ひらたくて　じょうぶです。

このように、どうぶつの　はは、たべものによって　ちがって　いるのです。

▲キリン

▲パンダ

▲ライオン

(1) つぎの　はを　もって　いる　どうぶつを　かきましょう。

① するどい　まえばと　ひらたくて　じょうぶな　おくば　（　　　）

② ひらたい　おくば　（　　　）

③ 大きい　きばと　するどい　おくば　（　　　）

(2) 上の　文しょうから、たずねて　いる　文を　さがして、〜〜〜を　ひきましょう。

(3) (2)の　こたえを　かきましょう。

どうぶつの　はの　かたちは、［　　　　］によって　ちがう。

コアラの　赤ちゃん

なまえ

がつ　にち

文しょうを　よんで、もんだいに　こたえましょう。

コアラの　赤ちゃんは、おかあさんの　おなかの　中に　一か月ぐらいしか　いません。

だから、生まれて　すぐの　赤ちゃんは、大きさも　おもさも　一円玉ぐらいです。

目や　耳は　まだ　はっきり　わかりません。しかし、においを　かぐ力と　口と　まえ足は　しっかりしています。しかも、まえ足には　とがった　つめが　あります。

だから、それを　つかって　においを　たよりに　はい上がって、おかあさんの　おなかの　ふくろの　中に　じぶんの　力だけで　入って　いきます。

そして、㋐ここで、六か月ぐらいの　あいだ、おちちだけを　のんで　大きく　なります。

それから、おかあさんから　やわらかい　うんちを　もらって　たべます。これを　たべる　ことで、どくの　ある　ユーカリの　は・を　たべる　ことが　できるように　なるのです。

(1) 生まれて　すぐの　赤ちゃんは、どれぐらいの　大きさですか。

（　　　　）ぐらい

(2) 生まれたばかりでも、しっかりしているのは、なんですか。じゅんに　三つ　かきましょう。

（においを　　　　）

（　　　　）

（　　　　）

(3) ㋐ここ とは、どこですか。

おかあさんの　おなかの　（　　　　）

(4) 赤ちゃんは、なにを　たよりに　(3)まで　いけるのですか。

（　　　　）

(5) 赤ちゃんは、なにを　たべる　ことが　できるように　なる　ために、おかあさんから　うんちを　もらいますか。

（　　　　）の　は・

シマリスと　エゾリス

なまえ

がつ　にち

文しょうを　よんで、もんだいに　こたえましょう。

シマリスと　エゾリスは、どちらも　おなじ　リスの　なかまで、すむ　ところも　おなじです。
ちがうのは、ほおぶくろです。シマリスには、ドングリが　六つも　入る　ほおぶくろが　あります。
シマリスは　ふゆに　なると、「とうみん」と　いう　ねむりに　入ります。ねて　いる　あいだも、一しゅうかんに　いちど　目を　さまし、ドングリを　たべます。
だから、あきに　なると、すあなに　ドングリを　はこびます。その　とき　やくに　立つのが、ほおぶくろです。たくさんの　ドングリを　ほおぶくろに　入れて、一気に　はこびます。
エゾリスは　「とうみん」を　しないので、ドングリを　すあなへは　はこびません。だから、ほおぶくろが　ないのです。
しかし、ふゆは　エサが　あまり　おちて　いません。だから、エゾリスも、あきの　うちに　クルミや　ドングリを　いろんな　ばしょの　じめんに　うめて　おいて、おなかが　すいたら　ほり出して　たべます。

(1)　シマリスに　あって、エゾリスに　ない　ものは　なんですか。

(2)　「とうみん」を　するのは、どちらの　リスですか。

（　　　　）

(3)　(2)の　リスは、あきに　なると　どんな　じゅんびを　しますか。

（　　　　）に

（　　　　）を　はこぶ。

(4)　㋐について　こたえましょう。

①　㋐を　するのは、どちらの　リスですか。

（　　　　）

②　㋐を　するのは、なぜですか。

ふゆは（　　　　）が

あまり（　　　　）から。

ヤモリの 足

なまえ

がつ　にち

文しょうを よんで、もんだいに こたえましょう。

ヤモリは、見た目は ちょっと ぶきみだと おもう 人も いるでしょう。

しかし、「いえを まもる 生きもの」と いわれて います。いえの かべや 天じょうなど、どこにでも ピタッと はりついて、見まもって いるように 見えるからです。

では、どうやって はりついて いるのでしょうか。

その ひみつは、足の ゆびの うらに ある、ギザギザした うろこに あります。

㋐そこには、目に 見えないほど こまかい け が 生えて います。

そして、こまかな け の 一本一本が、ぴたっと はりつくように なって いるのです。

この ヤモリの 足が ヒントに なって、しっかり くっついて、かんたんに はがせる 「ヤモリテープ」が できました。

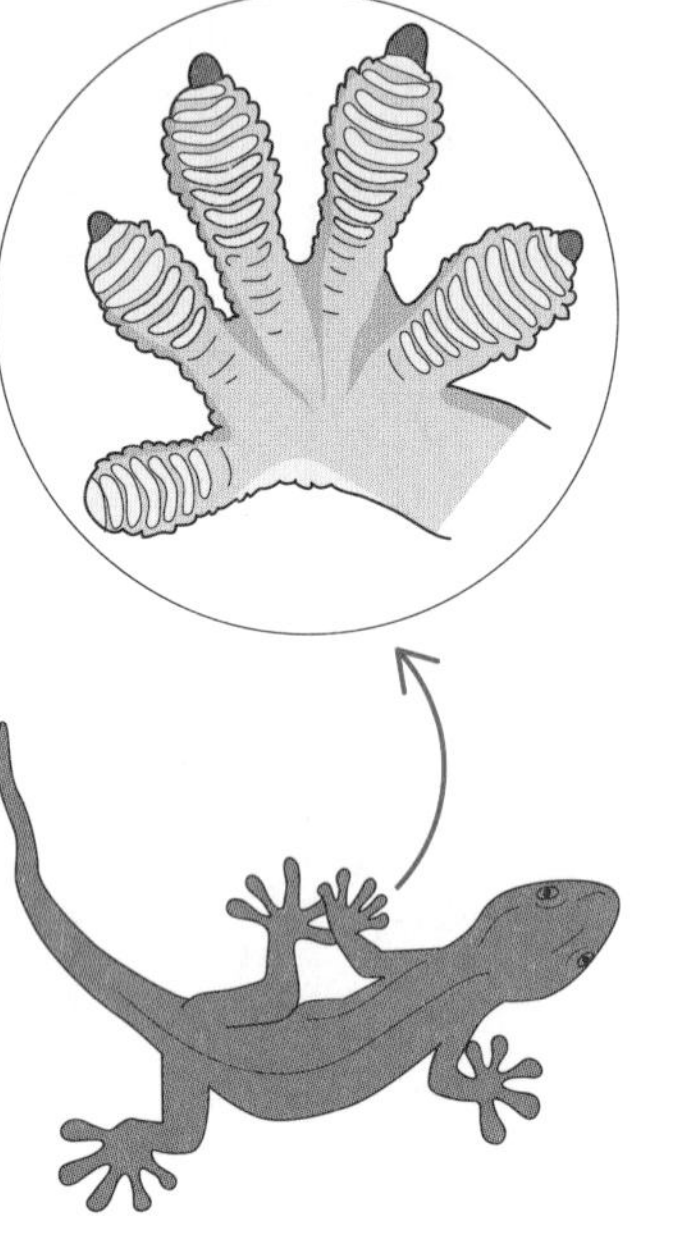

(1) ヤモリは、なんと いわれて いますか。

（　　　　　　）生きもの

(2) ヤモリは、どんな ところに、どのように はりつきますか。

いえの かべや（　　　　　　）など、どこにでも（　　　　　　）と はりつく。

(3) ㋐そことは、どこですか。

足の ゆびの うらに ある、ギザギザした（　　　　　　）

(4) ㋐そこには、なにが 生えて いますか。

目に 見えないほど

（　　　　　　）

(5) ヤモリの 足を ヒントに、なにが できましたか。

子どもおもいの　アイアイ

なまえ　　　　　　がつ　　にち

文しょうを　よんで、もんだいに　こたえましょう。

「アイ　アイ　アイ　アイ
　おさるさんだよ」

　この　うたで　おなじみの　どうぶつ、アイアイ。

　かおは、どうぶつえんなどで　見る　サルと　ちがって、ギョロッと　した　きいろい　目を　して　います。そして、するどい　まえばと、小えだのような　ほそながい　中ゆびを　もって　います。

　アイアイは、木の　みの　たねの　中みが　大すきです。しかし、この　たねは　とても　かたく、かんたんには　中みを　とり出せません。

　そこで、するどい　まえばで　かじって　あなを　あけ、そこに、ほそながい　中ゆびを　入れて、中みを　かき出して　たべます。

　しかし、子どもの　うちは、まだ　あなを　あけられません。この　とき、あけて　あげるのは、おかあさんです。

　こんな　ことを　するのは、サルの　なかまでは、アイアイだけです。かおは　すこし　こわいけれど、とても　㋐子どもおもいなのです。

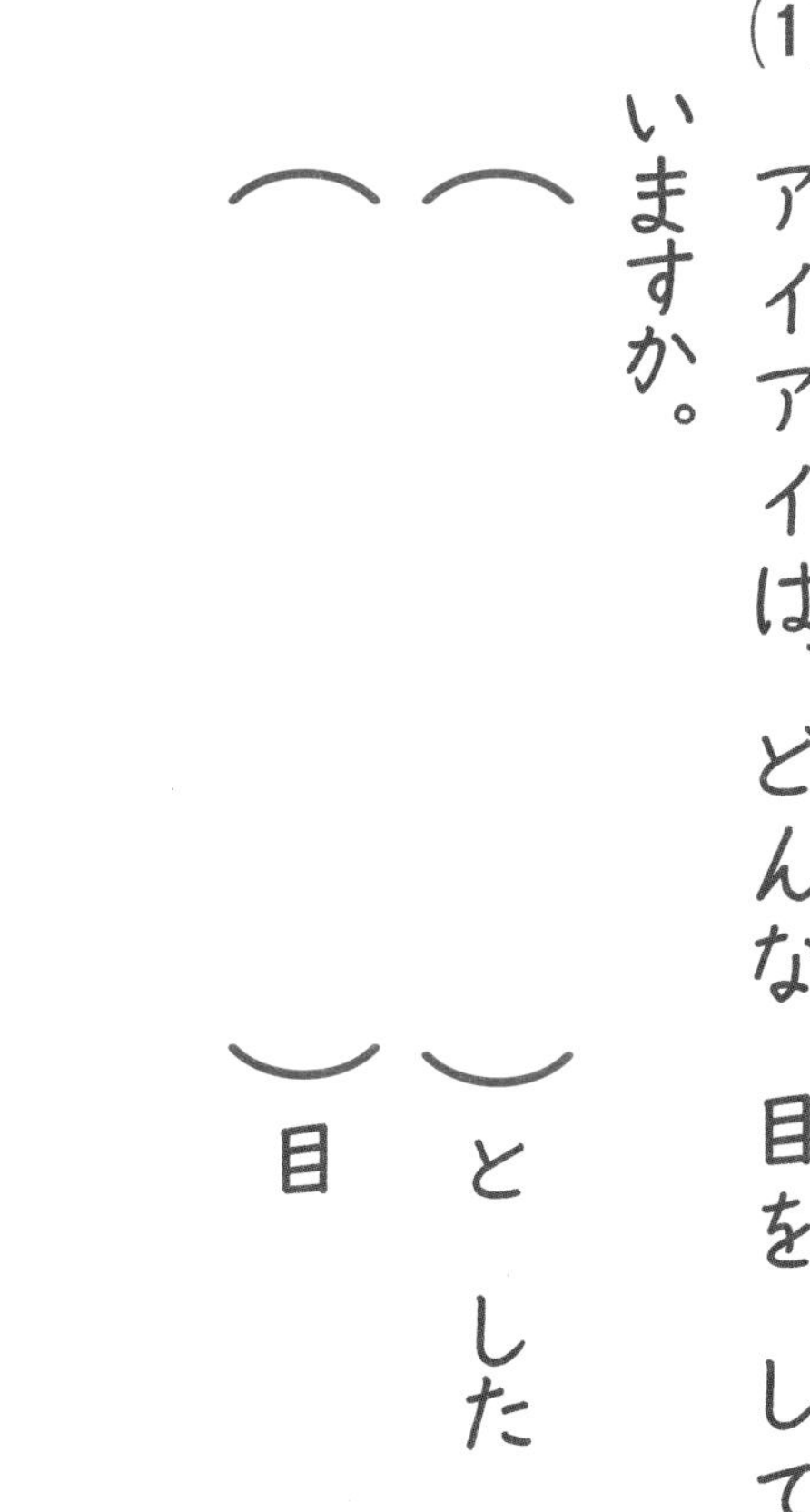

(1) アイアイは、どんな　目を　して　いますか。

（　　　　）と　した　（　　　　）目

(2) アイアイの　すきな　たべものは、なんですか。

木の　みの（　　　　）の　中み

(3) アイアイは、(2)を　どのように　して　たべますか。

① するどい（　　　　）で　かじって、あなを　あける。

② あなに　ほそながい（　　　　）を　入れる。

③ 中みを（　　　　）たべる。

(4) おかあさんの　どんな　ところが　㋐子どもおもいですか。

木の　みの　たねに（　　　　）を（　　　　）ところ。

どうぶつの　みの　まもりかた

なまえ

がつ　にち

文（ぶん）しょうを　よんで、もんだいに　こたえましょう。

どうぶつには　いろいろな　みの　まもりかたが　あります。

アルマジロは、かたい　こうらを　もって　います。てきが　きたら、ダンゴムシのように　こうらを　まるめます。

スカンクは、おならのような　くさい　しるを　出（だ）します。その　においは　とても　くさいので、てきは　たまらず　にげ出します。

ヤマネは、てきから　にげる　とき、トカゲのように　しっぽを　きります。しかし、いちど　きったら、ふたたび　生（は）える　ことは　ありません。㋐つかえるのは、いちどだけなのです。

こうして、どうぶつたちは、てきから　みを　まもって　いるのです。

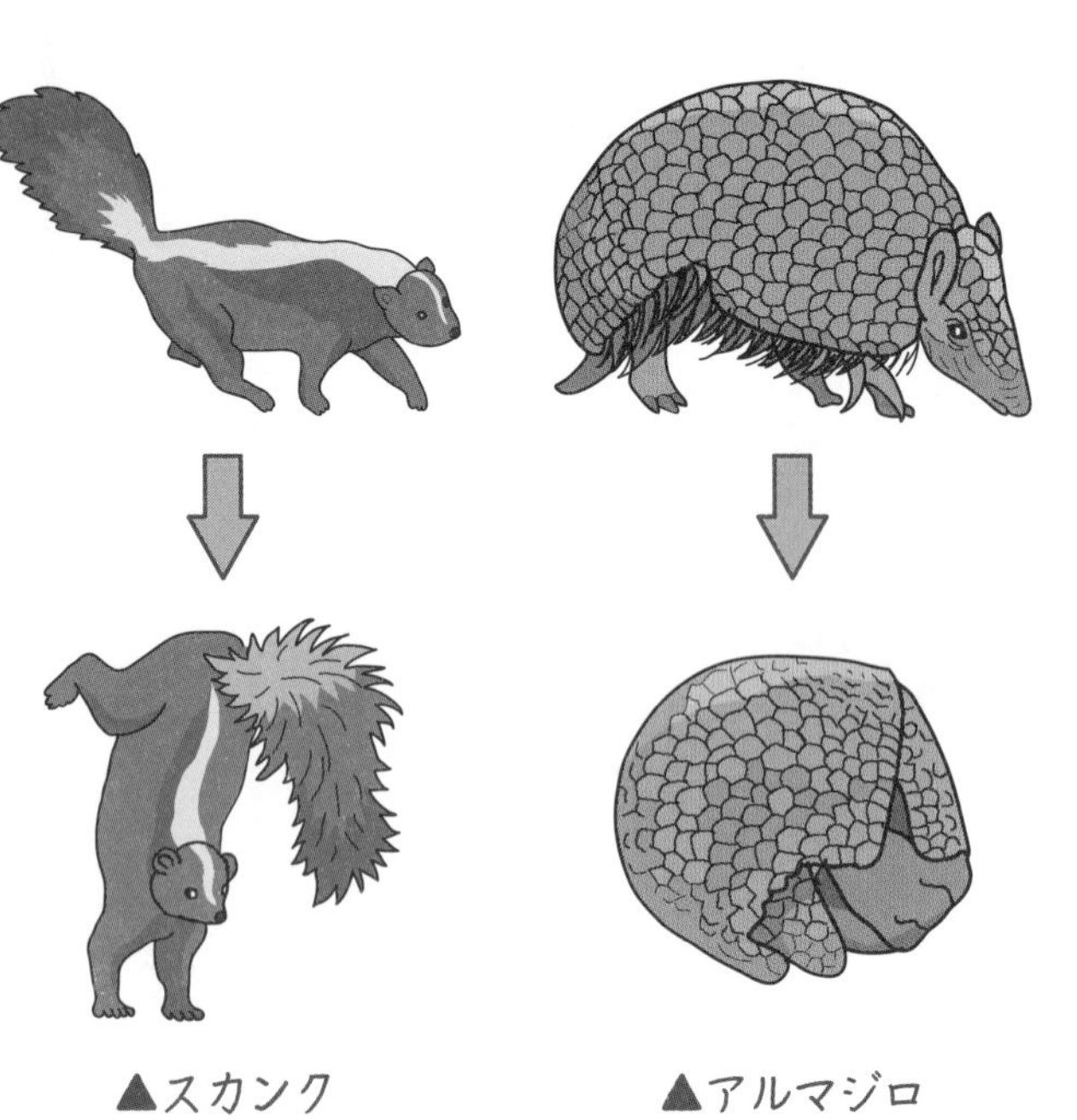
▲アルマジロ
▲スカンク

(1)　つぎのような　まもりかたを　する　どうぶつは　なんですか。

①　くさい　しるを　出す。（　　　）

②　しっぽを　きる。（　　　）

③　こうらを　まるめる。（　　　）

(2)　アルマジロと　ヤマネは、どの　生きものの　みの　まもりかたと　にて　いますか。

①　アルマジロ（　　　）

②　ヤマネ（　　　）

(3)　㋐と　ありますが、なぜですか。

いちど　しっぽを　きったら、ふたたび（　　　）ことは　ないから。

なかまことばを　さがせ！

なまえ

がつ　にち

1 えを　見（み）て、なかまことばを □に　かき、なかまで　ない　ことばを（　）に　かきましょう。

①

グローブ
ピアノ
タンバリン
ギター
バイオリン

が

なかまで　ない　ことば（　　　）

②

ふね
バス
テレビ
しんかんせん
ひこうき

の

なかまで　ない　ことば（　　　）

2 文字（もじ）の　中（なか）に　えの　名（な）まえが　かくれて　います。見つけて、名まえを　かこみましょう。また、かこまなかった　字で　できた、二文字の　ことばを □に　かきましょう。

た	け	の	こ	と	さ	ら
ま	は	た	お	け	る	い
ね	あ	え	り	い	ぬ	お
ぎ	し	ろ	う	そ	く	ん

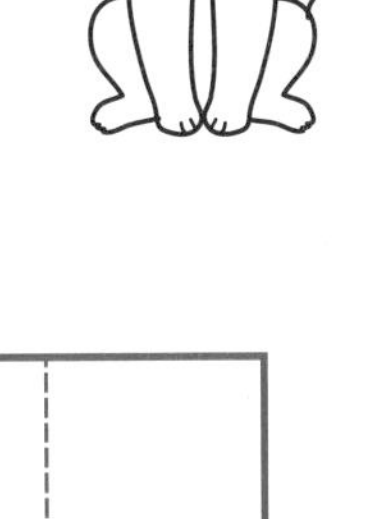

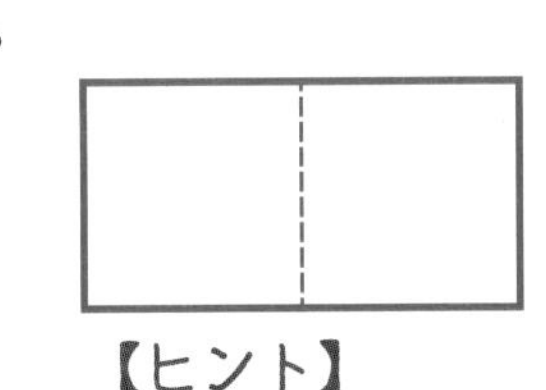

【ヒント】
からだを　あらわす　ことば

とりの　くちばし

（なまえ）

がつ　にち

文しょうを　よんで、もんだいに　こたえましょう。

とりの　くちばしの　かたちは、たべる　エサや　エサの　とりかたに　よって、ずいぶん　ちがって　います。

スズメは、ふとくて　みじかい　くちばしです。じめんに　おちて　いる　エサを　一つずつ　つまんだり、かたい　ものを　つついて　こまかく　したり　しやすいように　なって　います。

ペリカンは、あたまを　水の　中に　入れて、エサを　すくいとります。だから、ながい　くちばしと　あみの　ように　なった「のどぶくろ」を　もって　います。「のどぶくろ」は、りょうしさんが　つかう　あみのような　やくわりを　します。

ワシは、どうぶつを　つかまえて　たべます。その　ため、くちばしは　先が　かぎのように　まがって　いて、ナイフのような　はたらきを　します。

このように　くちばしは、たべる　エサや　エサの　とりかたに　よって　ちがいが　あるのです。

(1)　つぎの　くちばしなどを　もって　いる　とりの　名まえを　かきましょう。

①　ながい　くちばしと「のどぶくろ」（　　　）

②　先が　かぎのように　まがって　いる　くちばし（　　　）

③　ふとくて　みじかい　くちばし（　　　）

(2)　つぎの　とりの、エサの　たべかたや　とりかたを　㋐～㋒から　えらんで、きごうで　かきましょう。

①　ワシ（　　　）

②　ペリカン（　　　）

③　スズメ（　　　）

㋐　あたまを　水の　中に　入れて　エサを　とる。

㋑　どうぶつを　つかまえて　たべる。

㋒　一つずつ　つまんだり、つついたり　して　たべる。

どうぶつの しっぽ

なまえ

がつ　にち

文しょうを よんで、もんだいに こたえましょう。

どうぶつの しっぽには、いろいろな はたらきが あります。

リスは、えだの 上を はしる とき、左右に しっぽを ふって、おちないように うまく バランスを とります。木から とびおりる ときには、しっぽが ふわりと 大きく ひろがり、パラシュートのように なります。

イルカの しっぽは、大きな おびれです。おびれは、つよい きんにくで できて います。はやく およぐ ときは、それを うちわのように 上下に ふります。大きく ジャンプする ときは、上下に さらに つよく ふります。

カバの オスは、㋐しっぽを ぶんぶん ふって、あたりに フンを まきちらします。じぶんの なわばりを しらせる ためです。とおくまで いっても まいごに ならない ための みちしるべの はたらきも あります。

ほかにも、どうぶつに よっては、しっぽで 木に ぶら下がったり、からだに まきつけて もうふの かわりに したり する ことも あります。

(1) しっぽの はたらきについて、（　）に あてはまる ことばを かきましょう。

① うちわのように 上下に ふって （　　）およぐ。

② 左右に しっぽを ふって （　　）を とる。

③ フンを まきちらして、じぶんの（　　）を しらせる。

(2) (1)の ①～③は どの どうぶつの しっぽの はたらきですか。

①（　　）

②（　　）

③（　　）

(3) ㋐には、(1)の ③の ほかに、どんな はたらきが ありますか。

なまえ　　　がつ　　にち

ライオンの　赤ちゃん

文しょうを　よんで、もんだいに　こたえましょう。

どうぶつの　王さまと　いわれて　いる　ライオン。でも、生まれたての　赤ちゃんは、子ネコぐらいの　大きさで、まだ　しっかりと　あるけません。だから　おかあさんは、赤ちゃんを　まもる　ために、口に　くわえて　草むらの　中に　かくします。

生まれて　すぐは、よちよちあるきだった　赤ちゃんも、三しゅうかんも　すると、あるきまわれるように　なります。そう　なると、おかあさんは、赤ちゃんと　いっしょに　むれの　中に　もどります。

そして、むれの　中で、まだ　おちちが　ほしい　子どもが　いたら、じぶんの　子どもと　いっしょに　あげます。こういう　ことは、どうぶつの　中では　㋐めずらしい　ことです。

二か月ぐらいは、おちちだけで　大きく　なり、三か月を　すぎると、生にくを　たべるように　なります。

ライオンは、むれを　つくって　生かつを　して　います。しかし、オスは　二さいごろに　なると、むれから　おい出されて、じぶんで　生かつを　はじめます。

(1) 生まれた　ときの　ライオンの　赤ちゃんは、どんな　ようすですか。

・（　　　　）ぐらいの　大きさ

・まだ　しっかりと（　　　　）。

(2) おかあさんは、赤ちゃんを　まもる　ために、どんな　ことを　して　いますか。

赤ちゃんを（　　　　）に　くわえて、（　　　　）の　中に　かくす。

(3) なにが、どうぶつの　中では　㋐めずらしい　こと　なのですか。

（　　　　）が　ほしい　子どもが　いると、じぶんの（　　　　）と　いっしょに　あげる　こと。

(4) ライオンの　赤ちゃんが、生にくを　たべはじめるのは、いつからですか。

（　　　　）を　すぎてから。

フラミンゴは　なぜ　ピンク？

なまえ

がつ　にち

文しょうを　よんで、もんだいに　こたえましょう。

フラミンゴは、あざやかな　ピンクいろを　した　とりです。生まれたばかりの　ヒナは、五日も　すると、おやどりの　まねを　して　水に　入ったり、かたあしを　まげたり　します。

ヒナは、生まれて　すぐは　まっ白な　からだを　して　います。そして、一しゅうかんほど　たつと　だんだん　はいいろに　なります。ヒナは、おやどりから「フラミンゴミルク」を　もらう　ことで、だんだん　ピンクいろに　なって　いきます。

この　ミルクは、おやどりの　口の　先から　出る　まっ赤な　いろの　しるで、おかあさんだけで　なく、おとうさんからも　出ます。

えいよう　たっぷりの　フラミンゴミルクに　よって、おやどりと　そっくりの　ピンクいろに　せいちょうして　いきます。

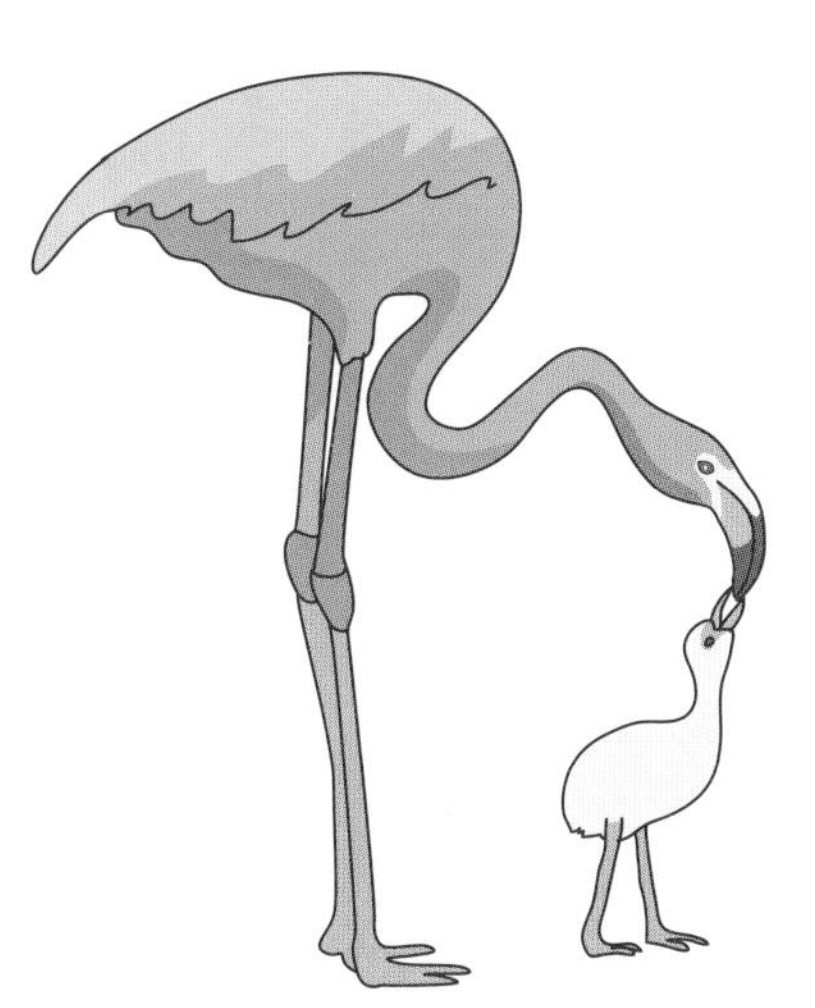

(1) 生まれたばかりの　ヒナは、おやどりの　どんな　ことを　まねしますか。二つ　かきましょう。

・水に（　　　　）。

・かたあしを（　　　　）。

(2) ヒナは、どんなふうに　いろが　かわって　いきますか。

① 生まれて　すぐ（　　　　）

② 一しゅうかんご（　　　　）

(3) ヒナは、おやどりから　なにを　もらって　ピンクいろに　なって　いくのですか。

（　　　　）

(4) (3)に　ついて　せつめいした　文の（　）に　あてはまる　ことばを　かきましょう。

（　　　　）な　いろの　しるで、おかあさんだけで　なく（　　　　）からも　出る。

しょくぶつの たね

なまえ

がつ　にち

文しょうを よんで、もんだいに こたえましょう。

タンポポの わたげを とばした ことは ありますか。

あの わたげの 一つ一つを よく 見ると、たねが ついて います。その たねは、かぜに のって とんで いきます。

また、草むらを あるいた ときに、ふくに なにかが くっついた ことは ありますか。

よく、「ひっつき虫」と いわれますが、これも 草の たねです。

しょくぶつは じぶんで あるいて たねを まく ことが できません。

［㋐］、人や どうぶつたちに くっついて、たねを はこんで もらうのです。

このように、しょくぶつは、たねを とおい ところまで とばして もらったり、はこんで もらったり します。そして、そこで めを 出すのです。

(1) タンポポは、どこに たねが ついて いますか。

（　　　　　　）

(2) タンポポの たねは、どうやって とんで いきますか。

（　　　　　　）に のって とんで いく。

(3) 「ひっつき虫」とは なんですか。

（　　　　　　）の たね

(4) ㋐に あてはまる ことばを、［　］から えらんで かきましょう。

（　　　　　　）

［ ところで　でも　だから ］

(5) しょくぶつは、なんの ために たねを とばして もらったり、はこんで もらったり するのですか。

（　　　　　　）でも

（　　　　　　）を 出す ため。

ゾウガメの　こうら

なまえ

がつ　にち

文しょうを　よんで、もんだいに　こたえましょう。

　りくに　すむ　カメで、せかいで一ばん　大きいのは、ゾウガメです。

　ゾウガメは、すんで　いる　ばしょによって、こうらの　かたちが　ちがいます。

　ゾウガメの　エサは、草や　サボテンです。草が　たくさん　生えて　いる　ところに　すむ　ゾウガメは、下むきの　まま　草を　たべる　ことができます。だから、こうらは「ドームがた」に　なって　います。

　しかし、草が　ほとんど　ない　ところの　ゾウガメは、たかい　ところに　ある　サボテンを　くびを　のばして　たべます。

　だから、くびの　あたりの　こうらが　めくれて　いる「くらがた」になって　います。

▲ドームがた
▲くらがた

(1) りくに　すむ　カメで、せかいで　一ばん　大きいのは、なんと　いうカメですか。

（　　　　）

(2) こうらの　かたちは、なにに　よってちがいますか。

（　　　　）

(3) ゾウガメは　なにを　たべて　くらして　いますか。

（　　　）や（　　　）

(4) つぎの　こうらを　もつ　ゾウガメは、どのように　して、どんな　エサを　たべて　いますか。

① 「ドームがた」の　こうら

（　　　）のまま
（　　　）を　たべる。

② 「くらがた」の　こうら

（　　　）を　のばして
（　　　）を　たべる。

なぞなぞ

なまえ

がつ　にち

なぞなぞに　ちょうせんしましょう。

① ごみを　あつめる　とりは
どんな　とり？

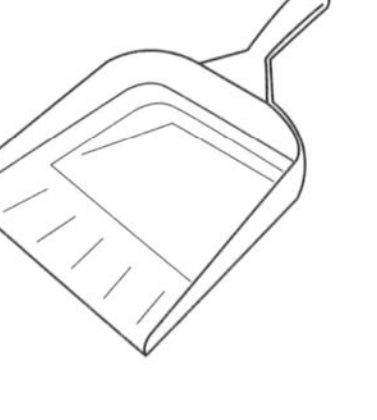

（　　　）

② さいふの　中（なか）に　かくれて　いる
どうぶつは　なあに？

（　　　）

③ ことばを　つないで　あそぶ
とりは　どんな　とり？

（　　　）

④ ぼうしの　中に　かくれて　いる
どうぶつは　なあに？

（　　　）

⑤ しゅうまいの　中に　入（はい）って　いる
どうぶつは　なあに？

（　　　）

⑥ おいわいする　たいは　どんな　たい？

（　　　）

⑦ いすは　いすでも　ホーホケキョと
なくのは　どんな　いす？

（　　　）

いろいろな　バス

文しょうを　よんで、もんだいに　こたえましょう。

　たくさんの　人を　のせる　バスには、いろいろな　しゅるいが　あります。

　えきなどに　いく　ときに　のるのは、ろせんバスです。

　この　バスは、とおる　みちと　じこくが　きまって　います。バスていに　とまり、そこで、おきゃくさんが　のったり、おりたり　します。

りょこうなどに　いく　ときに　のるのは、かんこうバスです。

　この　バスは、そとの　けしきが　よく　見えるように、まどが　大きく　なって　います。二かいだてに　なって　いる　バスも　あります。

　また、ちょっと　かわった　バスとして、ジャングルバスが　あります。

　この　バスは、ふつうの　みちは　はしりません。サファリパークの　中を　はしります。まどには　あみが　ついて　います。［ア］、はなしがいに　なって　いる　どうぶつを　すぐ　そばで　あんぜんに　見る　ことが　できます。

(1)　バスは、どんな　車ですか。

たくさんの　□　を　□□□　車。

(2)　㋐に　あてはまる　ことばで、正しい　ほうを　○で　かこみましょう。

（　しかし　　だから　）

(3)　つぎの　せつめいに　あう　バスの　名まえを　かきましょう。

①　大きな　まどが　ついて　いる。
（　　　　）バス

②　どうぶつを　すぐ　そばで　見る　ことが　できる。
（　　　　）バス

③　とおる　みちと　じこくが　きまって　いる。
（　　　　）バス

さるかにがっせん

なまえ

がつ　にち

文しょうを よんで、もんだいに こたえましょう。

むかし むかし、かきの タネを もった サルと、おにぎりを もった カニが 出あいました。サルは、カニの おにぎりが ほしく なり、

「カニさん、この タネを まくと、まい年 あまくて おいしい かきの みが できるよ。その おにぎりと こうかんして あげる。」

と、いいました。

カニは、その タネを まいて、まい日 水やりを しました。かきの みが 大きく なると、また、サルが やって きて、

「おいらが、かわりに その みを とって やるよ。」

と いうなり、スルスルと のぼって、じぶんだけ 赤い みを たべはじめました。カニには、まだ 青くて かたい かきを なげつけました。そして カニは、子ガニを のこして しんで しまいました。

やがて、大きく なった 子ガニは、クリ、ハチ、ウシのフン、うすと いっしょに、ははガニの かたきうちに、サルの いえに いきました。

そして、かえって きた サルを、みんなで 力を あわせて やっつけました。

(1) サルと カニは、はじめ なにを もって いましたか。

① サル（　　　　）

② カニ（　　　　）

(2) サルは、なんと いって こうかんしようと しましたか。

この タネを まくと、あまくて おいしい（　　　　）が できる。

(3) カニは、かきが 大きく なるまで、どんな ことを しましたか。

まい日（　　　　）を した。

(4) 子ガニたちは、サルの いえに なにを しに いきましたか。

（　　　　）の（　　　　）

(5) (4)に いったのは だれですか。

（子ガニ）（　　　　）（　　　　）（　　　　）（　　　　）

きつねと　つるの　ごちそう

なまえ

がつ　にち

文しょうを　よんで、もんだいに　こたえましょう。

むかし、ある　ところに、きつねと　つるが　いました。

ある日、きつねは、

「おいしい　スープが　できたから、たべに　おいでよ。」

と、いいました。

つるは、よろこんで　いきました。

きつねは、あさい　おさらに　スープを　入れて　出しました。しかし、つるは、ながい　くちばしが　じゃまで、スープが　のめません。それを　見て、きつねは、わらって　いました。

つぎの　日、こんどは　つるが　きつねを　よんで、[ア]に　スープを　入れて　出しました。けれど、きつねには　ながい　[イ]が　ないので、のめません。

こまった　きつねを　見て、つるは、

「きのうの　わたしも、あなたと　おなじ　目に　あって　いたのですよ。じぶんだけで　なく、あい手の　ことも　かんがえないと、いつか　しっぺがえしが　くるのですよ。」

と、いいました。

それから　つるは、スープを　[ウ]に　入れなおして　あげました。

(1)　きつねは、なにを　たべさせようと、つるを　よんだのですか。

（　　　　　　　　）

(2)　きつねは、(1)を　なにに　入れて　出しましたか。

（　　　　　　　　）

(3)　きつねは、つるの　なにを　見て　わらったのですか。

ながい（　　　　）が　じゃまで、つるが（　　　　）を（　　　　）のを　見て、わらって　いた。

(4)　㋐～㋒に　あてはまる　ことばを、[　]から　えらんで　かきましょう。

㋐（　　　　　　　　）

㋑（　　　　　　　　）

㋒（　　　　　　　　）

くちばし　　あさい　おさら

ほそながい　ビン

日本一　ながい　文字

なまえ

がつ　にち

文しょうを　よんで、もんだいに　こたえましょう。

むかし、一休さんと　いう　トンチ※の　じょうずな　小ぞうが　いました。ある　とき、となりの　村の　おしょうさんから、

「一休は、なんでも　しって　いるらしいから、日本一　ながい　文字を　かいて　もらおうか。」

と、いわれました。

すると、一休さんは、

「そちらの　おてらから　こっちの　てらまで　㋐かみを　しきつめてください。ふとい　ふでと　たくさんの　すみも　よういしてください。」

と、いいました。

一休さんは、となりの　おてらに　いきました。それから、すみを　たっぷり　ふくんだ　ふでで、かみの　上に　まっすぐな　せんを　かきはじめました。

そして、じぶんの　てらに　つくと、さいごに　ピンと　はねました。

「日本一　ながい　文字『し』が　できました。」

これには、となりの　おしょうさんも　まいって　しまいました。

※トンチ……その　とき　その　ときで、うまく　はたらく　ちえの　こと。

(1) 一休さんは、となりの　村の　おしょうさんから　どんな　ことを　いわれましたか。

（　　　　　）を　かいて　もらいたいと　いう　こと。

(2) 一休さんは、(1)の　ために、㋐の　ほかに　なにを　よういして　もらいましたか。二つ　かきましょう。

・ふとい（　　　　）

・たくさんの（　　　　）

(3) 一休さんは、かみの　上に　なにを　かきはじめましたか。

（　　　　）な（　　　　）

(4) 一休さんが　かいた　「日本一　ながい　文字」は　なんでしたか。

（　　　　）

あし

なまえ

がつ　にち

文しょうを　よんで、もんだいに　こたえましょう。

二ひきの　うまが、まどの　ところで　ぐうるぐうると　ひるねを　して　いました。

すると、すずしい　かぜが　出て　きたので、一ぴきが　くしゃみを　して　目を　さましました。

ところが、あとあしが　一本　しびれて　いたので、よろよろと　よろけて　しまいました。

「おや　おや。」

その　あしに、力を　入れようと　しても、さっぱり　入りません。

そこで、ともだちの　うまを　ゆりおこしました。

「たいへんだ、あとあしを　一本、だれかに　ぬすまれて　しまった。」

「ちゃんと　ついて　いるじゃ　ないか。」

「いや、これは　ちがう。だれかの　あしだ。」

※あとあし……うしろあしの　こと。

（新美　南吉　青空文庫より）

(1) 二ひきの　うまは、まどの　ところで　なにを　して　いましたか。

（　　　　　　）

(2) すずしい　かぜが　出て　きて、どう　なりましたか。

一ぴきの　うまが（　　　　　　）を　して、（　　　　）を（　　　　　　）。

(3) あとあしが　しびれて、どのように　よろけましたか。

（　　　　　　）と　よろけた。

(4) ともだちの　うまに、どう　されたと　いいましたか。

あとあしを　一本、だれかに（　　　　　　）しまった。

(5) あとあしは、ほんとうは　どう　なって　いたのですか。

（　　　　　　）いた。

一年生たちと　ひよめ　①

なまえ

がつ　にち

文しょうを　よんで、もんだいに　こたえましょう。

学校へ　いく　とちゅうに、大きな　いけが　㋐ありました。一年生たちが、あさ　そこを　とおりかかりました。

いけの　中には　※1ひよめが　五、六っぱ、くろく　うかんで　おりました。㋑それを　見ると　一年生たちは、いつものように　こえを　そろえて、

ひーよめ、ひよめ、
だんご　やーるに　※2くーぐーれっ

と、うたいました。

すると、ひよめは　あたまから　ぷくりと　水の　中に　もぐりました。だんごが　もらえるのを　よろこんで　いるように　見えました。

けれど、㋒一年生たちは、ひよめに　だんごを　やりませんでした。学校へ　いくのに　だんごなど　もって　いる　子は　いません。

※1　ひよめ……カイツブリと　いう　くろっぽい　いろを　した　とり。
※2　くぐれ……（いけの　中に）もぐれと　いう　こと。

（新美　南吉　青空文庫より）

(1)　一年生たちは、どこへ　いく　とちゅうでしたか。

（　　　　）

(2)　㋐そことは、どこですか。

大きな（　　　　）

(3)　㋑それとは、なんですか。

（　　　　）

(4)　一年生たちは、ひよめに　なにを　あげると　うたいましたか。

（　　　　）

(5)　一年生たちが　うたうと、ひよめは　どう　しましたか。

あたまから　ぷくりと　水の　中に
（　　　　）。

(6)　㋒と　ありますが、なぜ　一年生たちは　だんごを　あげる　ことが　できなかったのですか。

学校へ　いくのに　だんごなど
（　　　　）子は
いないから。

一年生たちと　ひよめ　②

なまえ

がつ　にち

文しょうを　よんで、もんだいに　こたえましょう。

※1ひーよめ、ひよめ
と、一年生たちは、いつもの　くせで
うたいはじめました。
　ア　、その　あとを　つづけて
うたう　ものは　いませんでした。
「だんご　やるに、※2くぐれ」と　うたっ
たら、それは　うそを　いった　こと
に　なります。
　でも、このまま　いって　しまうの
も　ざんねんです。そしたら、ひよめの
ほうでも、さみしいと　おもうに　ち
がいありません。そこで　みんなは、
こう　うたいました。
　ひーよめ　ひよめ、
　だんご、
　　ウ　　けれど、くーぐーれっ
　すると、ひよめは、やはり　いせい
よく、くるりと　水を　くぐったので
あります。
　これで、わかりました。ひよめは、
一年生たちに　よびかけられるのが、
うれしいから　くぐったので　ありま
す。

※1　ひよめ……カイツブリと　いう　くろっぽい
　　いろを　した　とり。
※2　くぐれ……（いけの　中に）もぐれと　いう　こと。

（新美　南吉　青空文庫より）

(1)　一年生たちは、ひよめを　見ると
どう　しましたか。

（　　　　　　）はじめた。

(2)　アに　あてはまる　ことばを、
□から　えらんで　かきましょう。

（　　　　　　）

そして　だから　しかし

(3)　どう　うたったら　うそに　なるの
ですか。

（　　　　　　）やるに、くぐれ

(4)　ウに　あてはまる　ことばを　かき
ましょう。

や□□□

(5)　なぜ　ひよめは、エを　したのですか。
ひよめは、一年生たちに
（　　　　　　）のが
うれしいから。

おもしろことば

なまえ

がつ　にち

1 さかさことばを　かきましょう。

①

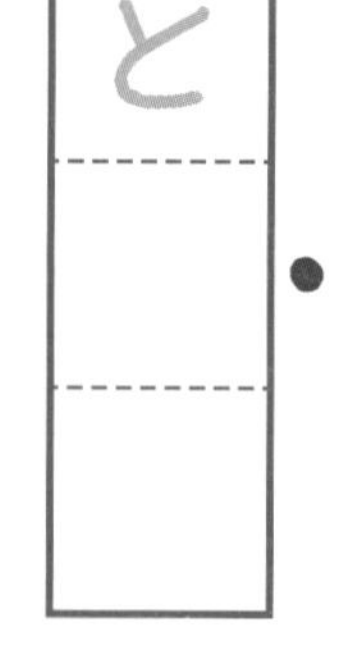

②

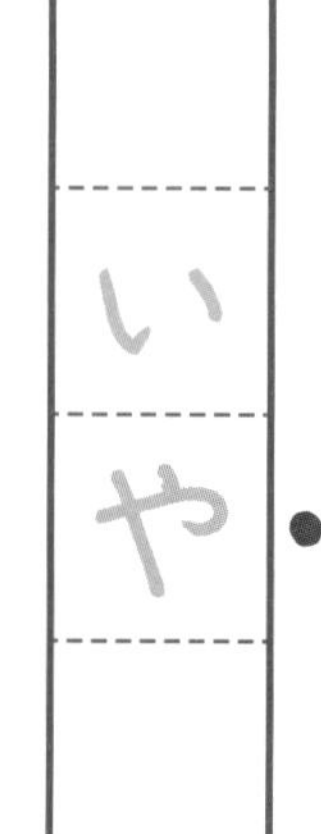

③

るすに

上から　よんでも、
下から　よんでも、
おなじだね！

2 はや口ことばを　かきましょう。

なまむぎ
なまごめ
なまたまご

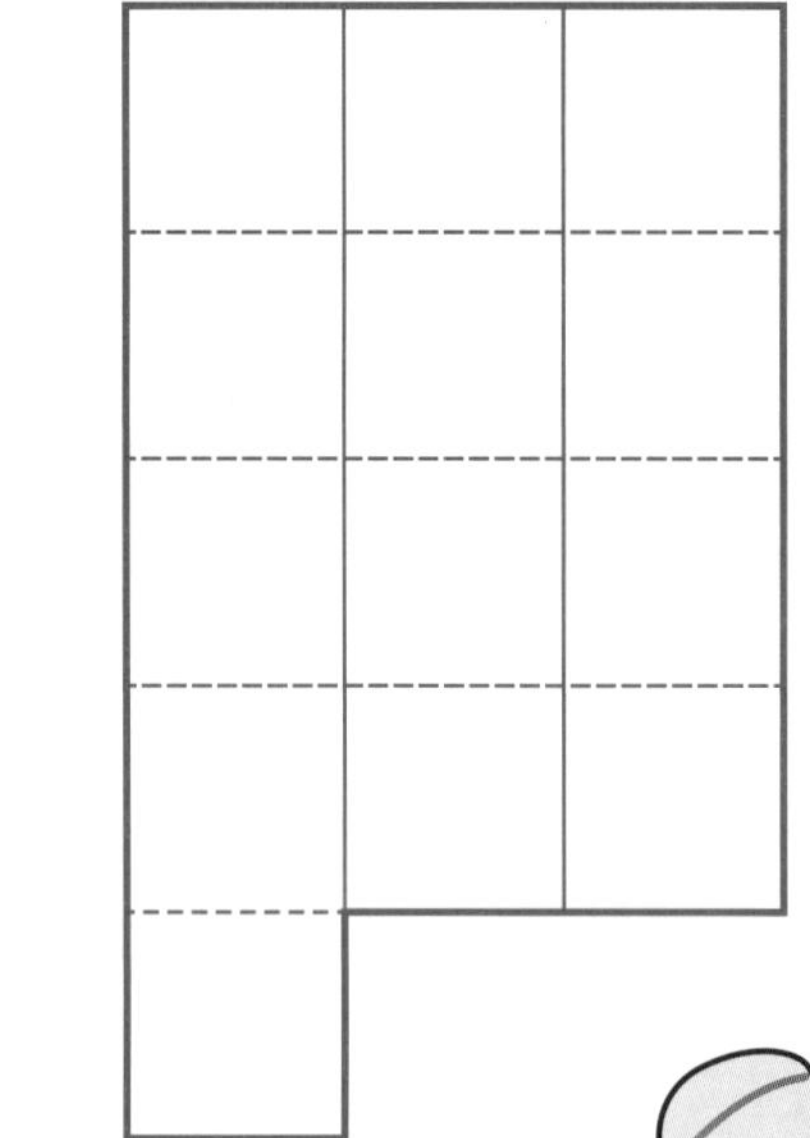

これに　出して
いって　みよう！

にわには
にわ
にわとりが
いる

ことばのなかまわけ　チェック　〔P4〕

(1) トカゲ

(2) (アリたち) はたらいて　いた。
(キリギリス) (バイオリンを　ひいて) あそんで　いた。

(3) ① モンブラン　② ちゃいろ　③ ロールケーキ

ことばのなかまわけ　ワーク　〔P5〕

1
① ㋐　② ㋐　③ ㋑
④ ㋒　⑤ ㋑　⑥ ㋒
⑦ ㋐　⑧ ㋒　⑨ ㋑

2
① ㋐、㋑
② ㋐、㋒、㋑

ことばの　なかまわけ　おさらい　〔P6〕

1
(1) アサガオの　つる
(2) やわらかい
(3) まきつく

2
(1) ① ドングリを　ほおに　つめこんで、すあなに　はこびます。
② おちばを　すあなに　はこびます。
(2) おちば

どうする文　チェック　〔P7〕

(1) 立ち上がります。

(2) ① 本を　さがして　います。
② ずかんを　見て　います。

(3) ① しっかりと　しがみついて　います。
② おちちを　さがして、すいます。

どうする文　ワーク①　〔P8〕

(1) ① たべる　② わらう　③ のる　④ たたく

(2) ① やく　② ひやす　③ ひかる　④ うつる

どうする文　ワーク②　〔P9〕

① ゾウが　あるく。
② コスモスが　さく。
③ ハチが　とんだ。

どうする文　おさらい　〔P10〕

1
(1)・じぶんで　立ち上がります。
・草や　くだものなどを　たべはじめます。
(2) 口を　つけて　のむ。

2
(1) エゾモモンガ
(2)・木から　木へ　うつる　ときは、下に　おりず　ジャンプする。
・キツツキが　つくった　すあなを　なん年も　つかう。

しりとり　〔P11〕

(1) ① か　② り　③ ら　④ ん

(2) ① ナ　② シ　③ マ　④ タ　⑤ イ　⑥ ボ　⑦ グ

どんなだ文　チェック　〔P12〕

(1) おとなの　サケ……赤い（赤、赤いろでも○です。）
生まれたばかりの　サケ…白い（白、白いろでも○です。）

(2) シロサイ

(3) ① みじかくて　ほそい
② ふさふさ
③ しましまで　ふとい

どんなだ文　ワーク①　〔P13〕

① あかるい　くらい
② すくない　おおい
③ ながい　みじかい

はんたいの　いみの　ことばに　なって　いるね。

どんなだ文　ワーク②　〔P14〕

(1) ① サイは　大きい。
(2) ② ゆきは　つめたい。
③ レモンは　すっぱい。

どんな文 おさらい 〔P15〕

1 (1) にがいから。

(2) すこし あまい 気が して、おいしかったです。

2 ① ちきゅうで 一ばん 大きい。

② しただけで ゾウ 一とうぶん。

③ 本気で およぐと 車と おなじくらい はやい。

どんな文 チェック 〔P16〕

(1) くだもの

(2) わたし ……赤いろ
ろなさん……みどりいろ

(3) ① ゾウ ② カバ ③ ブタ

なんだ文 ワーク① 〔P17〕

(1) ① かお ② ツバメ ③ ズボン

(2) ① じんじゃ ② すなば ③ きょうしつ

(3) ① 四こ ② 三じ ③ 七月五日

なんだ文 ワーク② 〔P18〕

① パンダは どうぶつだ。

② カラスは とりだ。

③ ひまわりは 花です。

なんだ文 おさらい 〔P19〕

1 (1) 木の 上

(2) 人げんの 手

(3) くつの スパイク

2 (1) 木の みの たねの 中み

(2) かたい たねを はで かじる。

(3) おかあさん

おはなしの じゅんばん チェック 〔P20〕

① しばかりに 出かけた。

② 石の 上に すわって、おむすびを たべようと した。

③ あなの 中を のぞいた。

④ うたに むちゅうに なった おじいさんは、あなの 中に おちて しまった。

⑤ ねずみたちと いっしょに おどった。

⑥ いえに かえって、うちでの こづちを ふった。

おはなしのじゅんばん ワーク 〔P21〕

㋐ 川の 中にも にくを くわえた 犬が いるのを 見つけた。

㋑ とって やろうと、おもいきり ほえた。

㋒ にくを 川の 中に おとして しまった。

おはなしの じゅんばん おさらい 〔P22〕

1 ① こおりの 上に のります。

② 赤ちゃんを うみます。

③ ほかの 赤ちゃんと まちがえないように、すぐに においを かぎます。

2 ① 木の 中に いる 虫の うごく 音を きく。

② 木の あなに 小えだを 入れる。

③ あたまを まえと うしろに うごかす。

④ 中に いる 虫を ひきよせて たべる。

一文字 ちがうと? 〔P23〕

1 ① が ② かぎ

③ ふぐ ④ ごま

⑤ ばね ⑥ でんき

2 ① さるが ざるを もつ。

② たいが だいの 上に のる。

③ ふたが ぶたに ヘンシン。

④ タンスが ダンスを する。

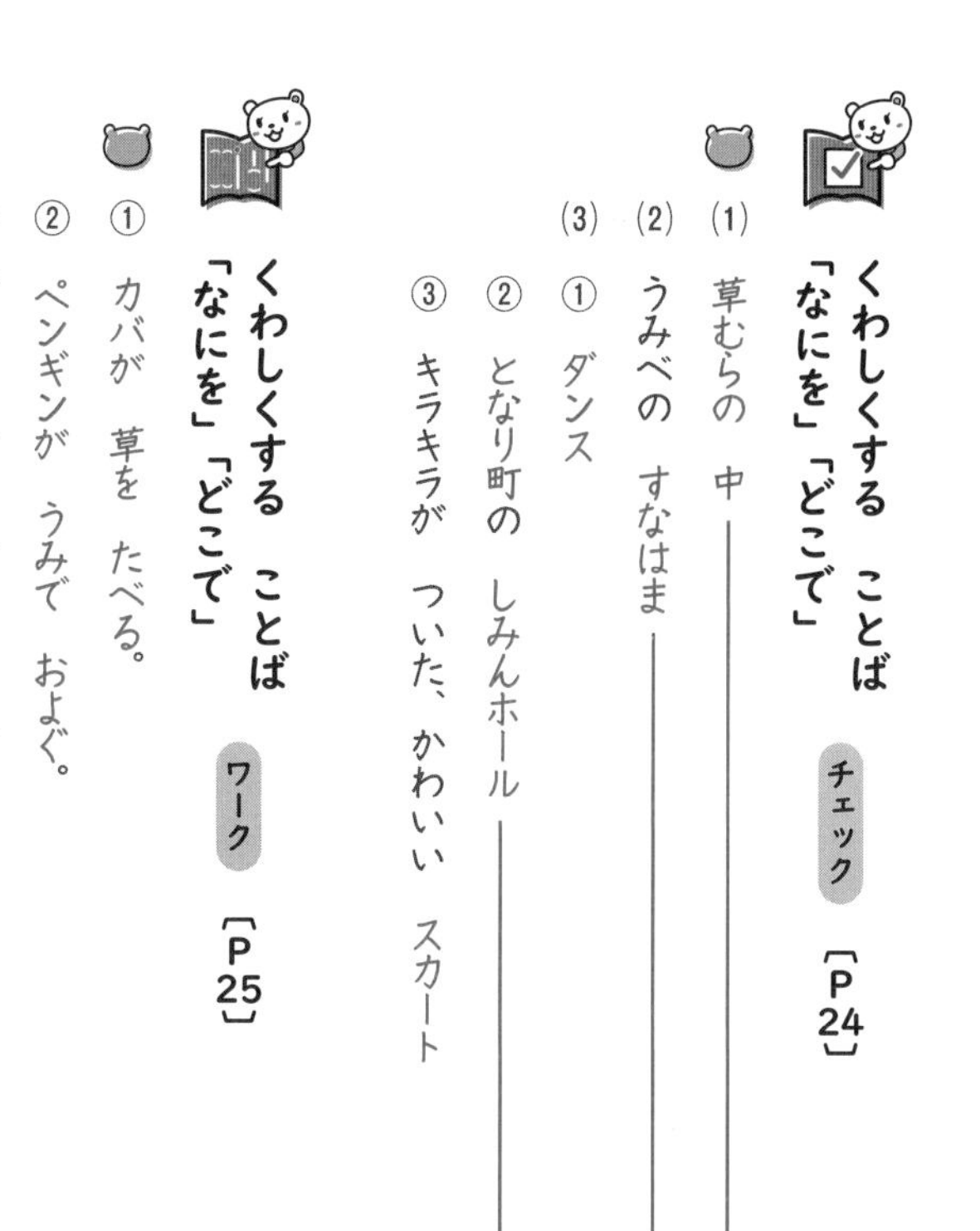

くわしくする ことば「なにを」「どこで」 チェック 〔P24〕

1
(1) 草むらの 中
(2) うみべの すなはま
(3) ① ダンス
② となり町の しみんホール
③ キラキラが ついた、かわいい スカート

「どこ」は ばしょを きいて いるよ。

くわしくする ことば「なにを」「どこで」 ワーク 〔P25〕

① カバが 草を たべる。
② ペンギンが うみで およぐ。
③ ぼくは なわとびを する。

くわしくする ことば「なにを」「どこで」 おさらい 〔P26〕

1
(1) 木の ちかくの しめった ところ
(2) どく

2
(1) ① かたい こうら
② おならのような くさい しる
(2) アルマジロ

「どこ」は ばしょを きいて いるよ。

くわしくする ことば「いつ」「だれと」 チェック 〔P27〕

(1) はる
(2) ともだち
(3) ① (いつ) ゆきの ふる あさ
(だれと) ミミズの ミミー
② ゆきで あそびたいのに、あそぶ ともだちが いないから。

「だれ」は 出て くる 人や どうぶつ、「いつ」は きせつや じかんを きいて いるよ。

くわしくする ことば「いつ」「だれと」 ワーク 〔P28〕

① タンポポは はるに さく。
② 犬が ねこと はしる。
③ カブトムシが クワガタと ケンカする。

くわしくする ことば「いつ」「だれと」 おさらい 〔P29〕

1
(1) おかあさん
およめさん
(2) へ
(3) 一しゅうかん
※(1)は じゅんばんが かわっても 正かいです。

2
(1) はたけの まんなか
(2) きいろの かえる
(3) けんか

くわしくする ことば「どんな」 チェック 〔P30〕

(1) なんでも たべる とり
(2) いちどに おおくの 人を きまった ところに はこぶ じどう車。
(3) ① よわって いる バッタ
② 大いそぎで もどりました。
③ なかまを よぶ ために もどったのです。

「どんな」は 人や ものの ようすを きいて いるよ。

くわしくする ことば「どんな」 ワーク 〔P31〕

① わたしは 大きな 石に すわった。
② バスは 大ぜいの 人を のせる。
③ サクラの 花が きれいに さいて いる。

くわしくする ことば「どんな」 おさらい 〔P32〕

1
(1) いえを まもる 生きもの
(2) ギザギザした うろこのように なって います。

2
(1) ① 一円玉ぐらい
② ピンクいろ
(2) とがった つめ

なかまことばを つくろう 〔P33〕

(1) ① うま ② とら
(2) ① りす ② わに ③ いぬ
(3) ① かば ② ねこ ③ くま
(4) ① はち ② あり ③ せみ
(5) ① ゆり ② きく ③ ばら

こそあどことば チェック 〔P34〕

1
㋐ そこ
㋑ どれ
㋒ それ

2
(1) こうえん
(2) ぬいぐるみ

「そこ」は ばしょ、「どれ」「それ」「これ」は ものの ことを いって いるよ。

こそあどことば ワーク① 〔P35〕

① この だんごは おいしい。
② あの 山の 上に あるのは、おしろです。
③ どの ケーキが おいしいかな。

こそあどことば ワーク② 〔P36〕

① プレゼント
② どうぶつえん
③ 大きな木
④ バター

こそあどことば おさらい 〔P37〕

1
(1) フン
(2) ウシ
(3) あな

2
(1) たべもの
(2) ゴミすてば
(3) 木のあな

きかれて いるのは 「どこ」だから、ばしょを さがそう。

つなぎことば チェック 〔P38〕

1
(1) だから・しかし・そして
(2) キャッチボール
(3) 大すきな からあげ

2
㋐ だから
㋑ そして
㋒ しかし

つなぎことば ワーク 〔P39〕

① しかし
② だから
③ そして

つなぎことば おさらい 〔P40〕

1
(1) ㋐ だから
㋑ しかし
(2) 耳の みじかい ウサギ

2
(1) およぎが にがてです。
(2) ㋐ しかし
㋑ だから
㋒ そして

クロスワードに ちょうせん！ 〔P41〕

1

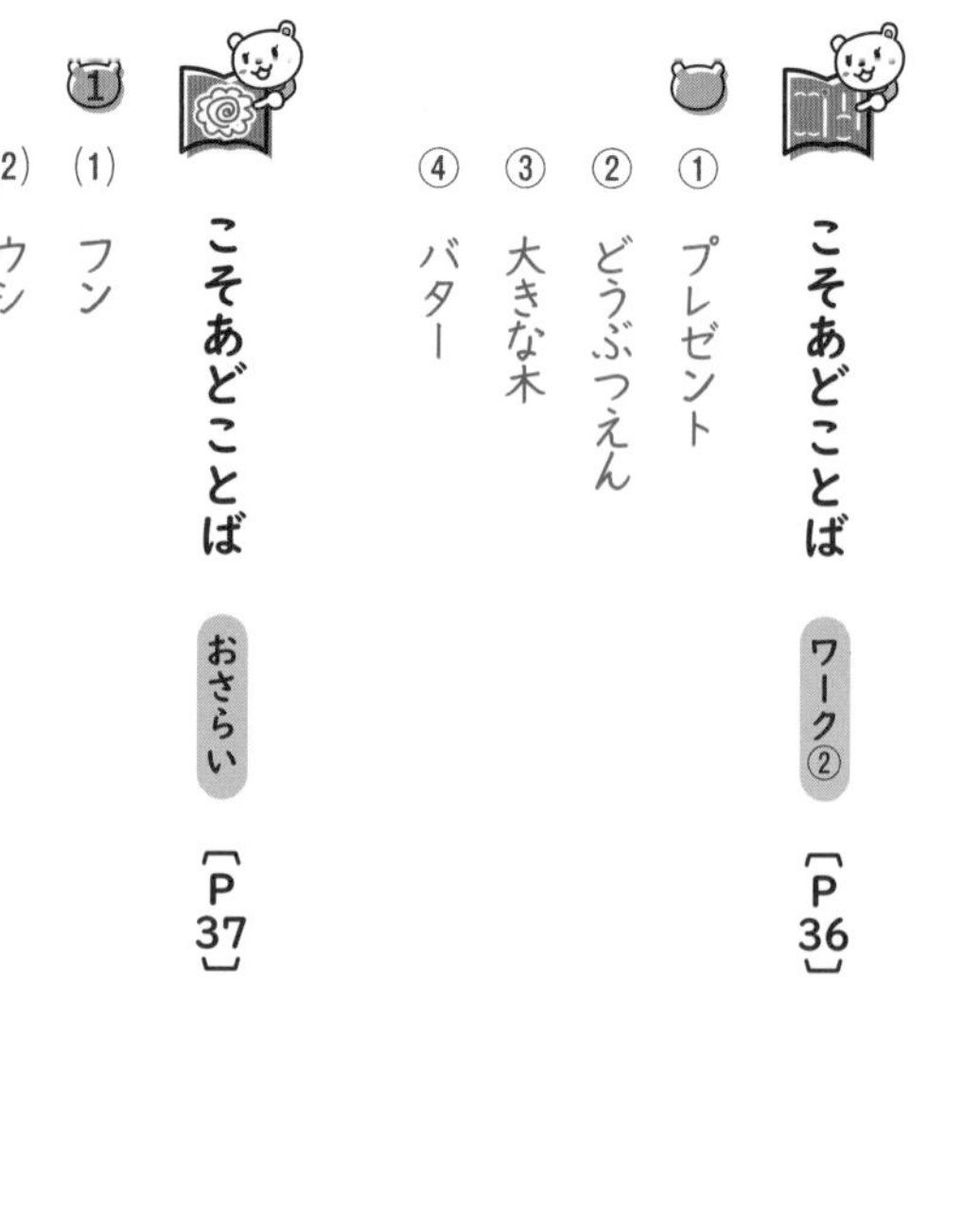

①

				㋐か
				ぶ
				と
	㋓し	㋒と	㋑な	む
㋔こ	ま	ま	わ	し
う	う	と	と	
の	ま		び	
と				
り				

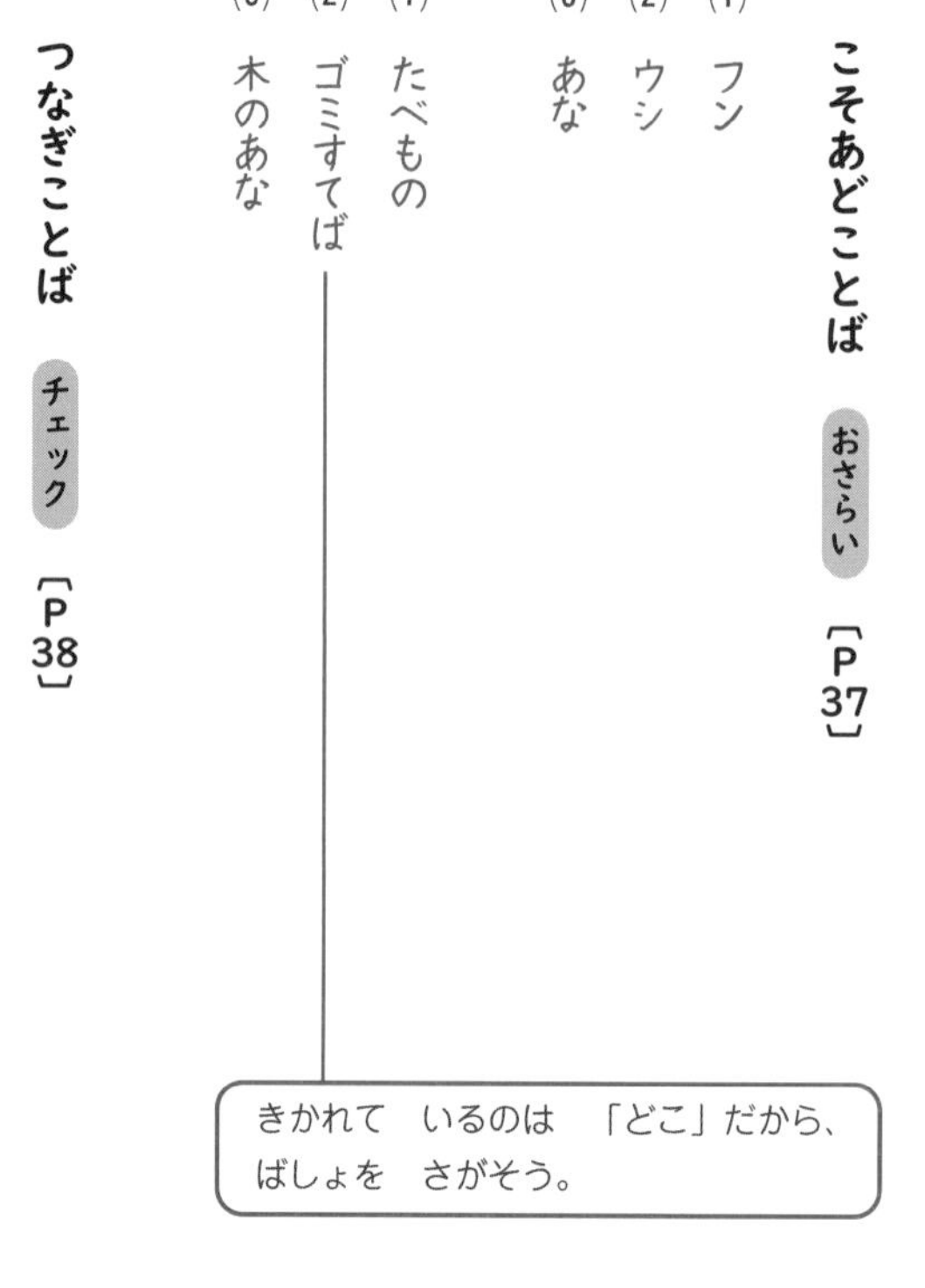

②

				㋐さ
				く
		㋒で		ら
	㋓と	ん	㋑て	ん
㋔た	け	と	ん	ぼ
こ	い	う	ぐ	
あ				
げ				

2

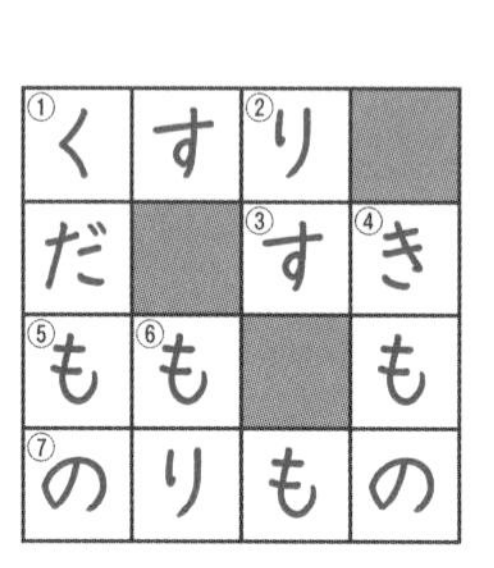
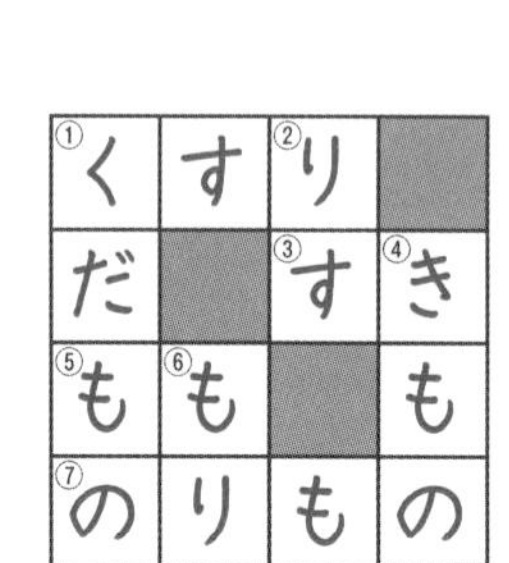
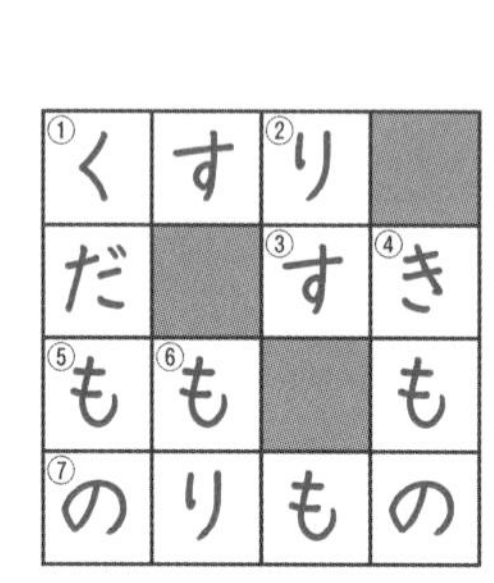

①く	す	②り	■
だ	■	③す	④き
⑤も	⑥も	■	も
⑦の	り	も	の

モグラの まえ足 〔P42〕

(1) まっくらな 土の 中
(2) ミミズ
(3) トンネルの 中
(4) ① シャベル
② フォーク

どうぶつの はの かたち 〔P43〕

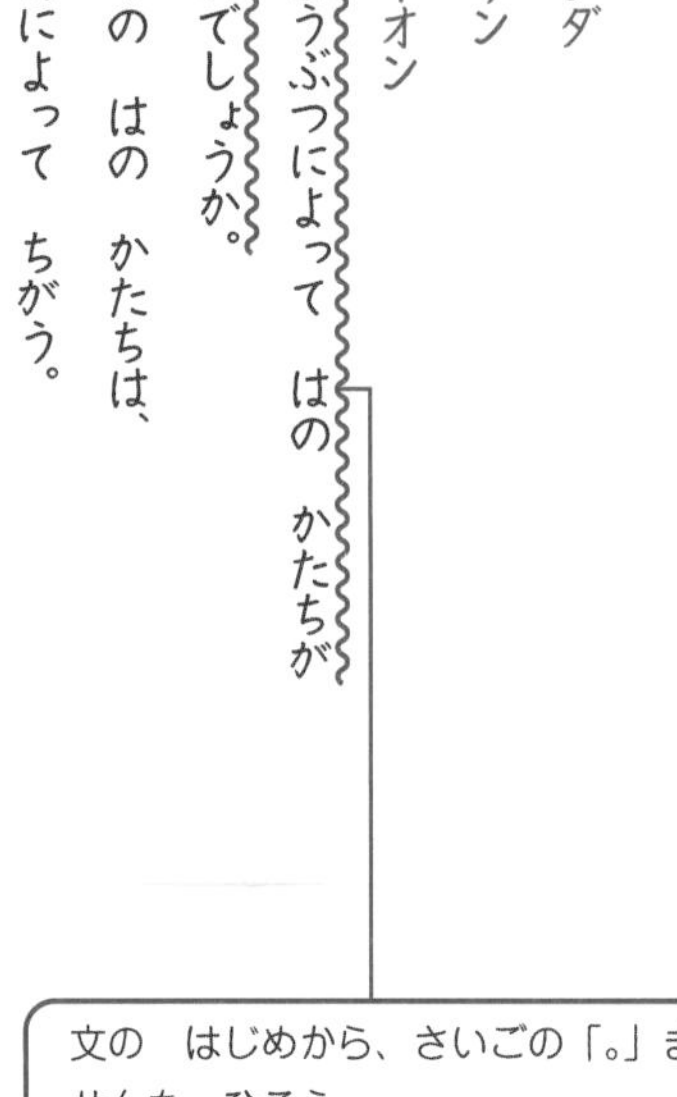

(1) ① パンダ
② キリン
③ ライオン
(2) なぜ、どうぶつに よって はの かたちが ちがうのでしょうか。
(3) どうぶつの はの かたちは、たべものに よって ちがう。

文の はじめから、さいごの「。」まで せんを ひこう。

コアラの 赤ちゃん 〔P44〕

(1) 一円玉ぐらい
(2) においを かぐ 力
口、まえ足
(3) おかあさんの おなかの ふくろの 中
(4) におい
(5) ユーカリの は

シマリスと エゾリス 〔P45〕

(1) ほおぶくろ
(2) シマリス
(3) すあなに ドングリを はこぶ。
(4) エゾリス
(5) ふゆは エサが あまり おちて いないから。

ヤモリの 足 〔P46〕

(1) いえを まもる 生きもの
(2) いえの かべや 天じょうなど、どこにでも ピタッと
はりつく。
(3) 足の ゆびの うらに ある、
ギザギザした うろこ
(4) 目に 見えないほど こまかい け
(5) ヤモリテープ

子どもおもいの アイアイ 〔P47〕

(1) ギョロッと した きいろい 目
(2) 木の みの たねの 中み
(3) ① するどい まえばで
かじって、あなを あける。
② あなに ほそながい
中ゆびを 入れる。
③ 中みを かき出して
たべる。
(4) 木の みの たねに あなを
あけて あげる ところ。

どうぶつの みの まもりかた 〔P48〕

(1) ① スカンク
② ヤマネ
③ アルマジロ
(2) ① ダンゴムシ
② トカゲ
(3) いちど しっぽを きったら、
ふたたび 生える ことは ないから。

なかまことばを さがせ! 〔P49〕

1 ① がっき
(なかまでないことば) グローブ
② のりもの
(なかまでないことば) テレビ

2 あし

ら	さ	と	こ	の	け	た
い	る	け	お	た	は	ま
お	ぬ	い	り	え	あ	ね
ん	く	そ	う	ろ	し	ぎ

とりの くちばし 〔P50〕

(1) ① ペリカン
② ワシ
③ スズメ
(2) ① ㋑
② ㋐
③ ㋒

どうぶつの しっぽ 〔P51〕

(1) ① うちわのように 上下に ふって
はやく およぐ。
② 左右に しっぽを ふって
バランスを とる。
③ フンを まきちらして、
じぶんの なわばりを しらせる。
(2) ① イルカ
② リス
③ カバ
(3) みちしるべ

文しょうに、「まいごに ならない ための みちしるべの はたらきも あります。」と かいて あるね。

ライオンの　赤ちゃん　〔P52〕

(1)・子ネコぐらいの　大きさ
・まだ　しっかりと　あるけません。

(2) 赤ちゃんを　口に　くわえて、草むらの　中に　かくす。

(3) おちちが　ほしい　子どもが　いると、じぶんの　子どもと　いっしょに　あげる　こと。

(4) 三か月を　すぎてから。

フラミンゴは　なぜ　ピンク？　〔P53〕

(1)・水に　入る。
・かたあしを　まげる。

(2) ①　まっ白
②　はいいろ

(3) フラミンゴミルク

(4) まっ赤な　いろの　しるで、おかあさんだけで　なく　おとうさんからも　出る。

しょくぶつの　たね　〔P54〕

(1) わたげ

(2) かぜに　のって　とんで　いく。

(3) 草の　たね

(4) だから

(5) とおい　ところでも　めを　出す　ため。

ゾウガメの　こうら　〔P55〕

(1) ゾウガメ

(2) すんで　いる　ばしょ

(3) 草や　サボテン

(4) ①　下むきのまま　草を　たべる。
②　くびを　のばして　サボテンを　たべる。

なぞなぞ　〔P56〕

①　ちりとり
②　さい
③　しりとり
④　うし
⑤　うま
⑥　めでたい
⑦　うぐいす

いろいろな　バス　〔P57〕

(1) たくさんの　人を　のせる　車。

(2) だから

(3) ①　かんこうバス
②　ジャングルバス
③　ろせんバス

さるかにがっせん　〔P58〕

(1) ①　かきの　タネ
②　おにぎり

(2) この　タネを　まくと、あまくて　おいしい　かきの　みが　できる。

(3) まい日　水やりを　した。

(4) ははガニの　かたきうち

(5) 子ガニ、クリ、ハチ、ウシのフン、うす

※(5)は　じゅんばんが　かわっても　正かいです。

きつねと　つるの　ごちそう　〔P59〕

(1) （おいしい）スープ

(2) あさい　おさら

(3) ながい　くちばしが　じゃまで、つるが　スープを　のめないのを　見て、わらって　いた。

(4) ㋐　ほそながい　ビン
㋑　くちばし
㋒　あさい　おさら

きつねが　のめなかったのだから、ほそながい　ビンだね。

日本一　ながい　文字　〔P60〕

(1) 日本一　ながい　文字を　かいて　もらいたいと　いう　こと。

(2)・ふとい　ふで
・たくさんの　すみ

(3) まっすぐな　せん

(4) し

あし 〔P61〕

(1) ひるね

(2) 一ぴきの うまが くしゃみを して、目を さました。

(3) よろよろと よろけた。

(4) あとあしを 一本、だれかに ぬすまれて しまった。

(5) しびれて いた。

あしが しびれて 力が 入らなかったから、ぬすまれたと かんちがいしたんだね。

一年生たちと ひよめ ① 〔P62〕

(1) 学校

(2) 大きな いけ

(3) ひよめ

(4) だんご

(5) あたまから ぷくりと 水の 中に もぐりました。

(6) 学校へ いくのに だんごなど もって いる 子は いないから。

一年生たちと ひよめ ② 〔P63〕

(1) うたいはじめた。

(2) しかし

(3) だんご やるに、くぐれ

(4) やらない

(5) よびかけられるのが うれしいから。

おもしろことば 〔P64〕

1 ① とまと ② たいやいた ③ るすにする

※ 2 の こたえは しょうりゃくして います。

読解習熟プリント　小学1年生　大判サイズ

2021年4月20日　第1刷発行
2023年2月20日　第2刷発行

著　者　馬場田　裕康

発行者　面屋　洋

企　画　フォーラム・A

発行所　清風堂書店

〒530-0057　大阪市北区曽根崎2-11-16
TEL 06-6316-1460／FAX 06-6365-5607

振替　00920-6-119910

制作編集担当　青木　圭子
表紙デザイン　ウエナカデザイン事務所

※乱丁・落丁本はおとりかえいたします。